Finanzielle Freiheit für Einsteiger

Finanziell unabhängig werden und früh in Rente gehen

Friedrich Zimmermann

2

Haftungsausschluss

Alle in diesem Buch enthaltenen Informationen dienen ausschließlich zu Informations- und Bildungszwecken. Der Autor ist in keiner Weise verantwortlich für die Ergebnisse oder Folgen, die sich aus der Verwendung dieses Materials ergeben. Es wurden konstruktive Versuche unternommen, Informationen bereitzustellen, die sowohl genau als auch effektiv sind, aber der Autor ist nicht für die Genauigkeit oder den Gebrauch/Missbrauch dieser Informationen verantwortlich.

Inhaltsübersicht

KAPITEL 1

Einführung in die finanzielle Freiheit

Guy und Tom sind zwei Freunde, die in einer ähnlichen Funktion in demselben Unternehmen arbeiten. Sie sind beide gleich und verschieden, gleich in dem Sinne, dass sie die gleichen Verantwortlichkeiten und Aufgaben haben, aber verschieden in ihren Reaktionen und ihrer Bereitschaft, diese Aufgaben zu erfüllen. Guy ist immer bereit, sie zu erfüllen, auch wenn unvorhergesehene Umstände eintreten; er ist einfach immer bereit. Tom hingegen ist das genaue Gegenteil; er befindet sich in einem ständigen Zustand der Panik und der Krise, weil er sich darüber beklagt, dass er nicht genügend Mittel hat, um diese Situationen zu bewältigen.

Es stellt sich die Frage, woher dieser signifikante Unterschied zwischen diesen Kollegen kommt.

Was ist finanzielle Freiheit?

Für viele Menschen oder die große Mehrheit der Menschen ist es wichtig, dass sie ihre Bedürfnisse oder Wünsche zu jeder Zeit befriedigen können. Viele sind jedoch nicht mit der Mentalität ausgestattet, diesen Wunsch zu verwirklichen; daher die Notwendigkeit der finanziellen Freiheit.

Die Bedeutung von finanzieller Freiheit ist von Mensch zu Mensch verschieden und hängt von der jeweiligen Situation ab, in der er sich befindet. Für einen Teenager bedeutet finanzielle Freiheit die Unabhängigkeit von den Eltern, d. h. er ist nicht auf das Einkommen oder die Zuwendungen der Eltern angewiesen. Daher können sich Teenager als finanziell frei betrachten, wenn sie über ein eigenes Einkommen verfügen, mit dem sie ihren Lebensstil unabhängig von den Leistungen der Eltern finanzieren können. Für einen Rentner ist es die Freiheit, den gewünschten Lebensstil zu führen, ohne den Stress eines Konkurses aufgrund der Altersvorsorge oder der getätigten Investitionen. Für manche Menschen ist es die Möglichkeit, eine Tätigkeit auszuüben, die sie bewundern, oder selbständig zu bleiben, ohne ihre Finanzen zu belasten.

Finanzielle Freiheit bezieht sich jedoch im Allgemeinen auf einen Lebensstil, der nicht von der Sorge um das Einkommen oder dessen Beherrschung abhängt. Im Klartext bedeutet dies, dass eine Person in der Lage ist, ihre Bedürfnisse unter allen Umständen zu befriedigen oder zu unterstützen. Es ist eine

Position, in der man finanziell ausgeglichen ist; jede ungeplante oder plötzliche Ausgabe verursacht keine Delle in der finanziellen Lage. Es handelt sich um einen Zustand, in dem man wirtschaftlich unabhängig ist, ohne von den Einkünften aus einer Beschäftigung abhängig zu sein. Es ist auch wichtig zu beachten, dass finanzielle Freiheit eine schuldenfreie Situation bedeutet, d. h. eine Person, die behaupten will, dass sie finanziell frei ist, kann nicht behaupten, dass das Geld, mit dem sie ihren freien Zustand finanziert, aus Schulden stammt.

Finanzielle Freiheit bedeutet nicht nur, Notfälle finanzieren zu können, sondern auch Trost in der Tatsache zu finden, dass das Leben nach der Pensionierung spezifische Pläne hat, die finanzielle Stabilität und Wachstum gewährleisten. Es ist ein Lebensstil, der von Geld und der ständigen Sorge um dieses Geld beherrscht wird.

Dazu gehört auch die Möglichkeit, vorzeitig in den Ruhestand zu gehen oder einen Job aufzugeben, weil man das Interesse an diesem bestimmten Bereich verloren hat, aber keine bestimmte Aufgabe hat, für die man zu diesem Zeitpunkt eingetragen ist. Es bedeutet, sich den gewünschten Lebensstil leisten zu können, ohne sich um den nächsten Gehaltsscheck sorgen zu müssen. Sie haben also die Kontrolle über Ihre Finanzen und Ihren Lebensstil, anstatt dass Ihr finanzieller Zustand Ihnen einen bestimmten Lebensstil diktiert, von dem er glaubt, dass Sie ihn sich ohne Zusammenbruch leisten können. Sie sind in der Lage, für eine Kooperation oder ein Unternehmen zu arbeiten, weil Ihnen die Aufgabe, die Ihnen übertragen wird, Spaß macht, und nicht, weil sie entscheidend für Ihre Finanzen ist.

Das Mittel zum Erreichen der finanziellen Freiheit

Wie in den obigen Absätzen dargelegt, strebt jeder Mensch nach finanzieller Unabhängigkeit, und dieser Zustand der Finanzen hat für die Menschen unterschiedliche Bedeutungen und Interpretationen. Es wird jedoch davon ausgegangen, dass diese Menschen die gleichen oder ähnliche Schritte zur Erlangung der finanziellen Freiheit durchlaufen, was der Grund für die nachfolgend erörterten Meinungen ist;

- Setzen Sie sich Ziele: Dies ist ein wesentlicher Grundsatz für finanzielle Unabhängigkeit; jede Idee und jede Investition braucht Motivation. Daher hilft Ihnen ein gesetztes Ziel, die richtigen Investitions- und Beschäftigungsoptionen zu wählen, die sicherstellen, dass Sie sich auf ein Ziel zubewegen, das zu finanzieller Freiheit führt. Außerdem sollten diese Ziele klar, spezifisch und realistisch formuliert sein, da dies die Wahrscheinlichkeit erhöht, sie zu erreichen. Aber auch nachdem Sie eine Position erreicht haben, in der Sie sich nicht mehr um Geld sorgen müssen, ist es wichtig, mit einem Budget zu leben oder ein solches aufzustellen, damit Sie nicht zu viel Geld ausgeben und in die frühere Phase zurückkehren. Es ist von größter Bedeutung, die finanzielle Freiheit zielstrebig zu erreichen.

- Erstellen Sie ein Budget: Es ist wichtig, ein festes Budget zu erstellen; dies hilft, Ihre Ausgaben zu regulieren und sicherzustellen, dass der richtige Prozentsatz in die

Erreichung Ihrer Ziele investiert wird. Ein Budget dient dazu, die Fortschritte beim Sparen und Investieren zu dokumentieren. Dies hilft auch, ungeplante und unnötige Verlockungen für unüberlegte Ausgaben einzudämmen.

- Kredite zurückzahlen: Wenn Sie finanziell unabhängig sein wollen, müssen Sie unbedingt alle Kredite zurückzahlen oder tilgen, z. B. Studienkredite, Hauskredite oder Autokredite. Andernfalls würden sie die Gewinne/Zinsen Ihrer Investitionen auffressen. Es ist von entscheidender Bedeutung, dass Sie alle finanziellen Investitionen von Grund auf neu planen, damit Ihr Wunsch nach Unabhängigkeit nicht durch Schulden und die sie überlagernden Zinsen untergraben wird.

- Melden Sie sich bei einem automatischen Sparplan an: Es gibt verschiedene Rentensparpläne, die den Arbeitnehmern von ihren Arbeitgebern zur Verfügung gestellt werden. So bieten beispielsweise die 401(k)s für Beschäftigte privater Unternehmen und der Thrift Savings Plan für Bundesbedienstete und Angehörige der Streitkräfte dem Einzelnen die Möglichkeit, seine Ersparnisse nach dem Eintritt in den Ruhestand automatisch in einen Plan zu investieren. Diese Pläne tragen in hohem Maße zur finanziellen Freiheit bei, da sie einen entsprechenden Beitrag zu Ihrem persönlichen Sparkonto und zu den Möglichkeiten der Anlagefonds leisten. Diese Option stellt außerdem sicher, dass ein bestimmter Prozentsatz, der von Ihnen eingetragen wurde, von Ihrem Gehalt abgezogen und in Ihre Investitionen investiert wird, bevor Sie mit den Ausgaben beginnen, und in einigen Fällen vor dem Steuerabzug.

- Prüfen Sie die Anlagemöglichkeiten: Dies ist der zentrale Weg, um finanzielle Freiheit zu gewährleisten, da jede Investition Zinsen und Wachstum auf der Grundlage des Prozentsatzes und der Zeit, in der sie eingebracht wurde, bietet. Außerdem kann der Einzelne eine Anlageoption wählen, die zu seiner Situation passt, da es eine Vielzahl von ihnen gibt. Es ist jedoch ratsam, so früh wie möglich mit der Geldanlage zu beginnen, denn Erfolg und Wachstum hängen von der eingezahlten Zeit und der für die Entnahme festgelegten Zeit ab. Daher ist es wichtig, die Anlagemöglichkeiten zu prüfen oder einen Finanzberater zu beauftragen, der auf der Grundlage der gesammelten Kenntnisse bei der Entscheidung für eine Option für Ihre Situation helfen kann. Das Wachstum kann mit einem wöchentlichen, monatlichen oder jährlichen oder einem anderen bequemen, konsistenten Plan unterstützt werden, der den Lebensstil des Einzelnen nicht beeinträchtigt, sondern das Wachstum der Ersparnisse verbessert und verwaltet.

- Schnäppchen akkommodieren: In den meisten Fällen, wenn der Einzelne anfängt, einen gewissen Prozentsatz seines Vermögens zu verdienen, beschließt er, dass es keinen Sinn hat, über Waren zu verhandeln, die er sich zum angegebenen

Preis leisten kann. Dies ist jedoch ein finanzieller Nachteil, der viele Menschen davon abhält, Kosten zu sparen, wenn sie um einen günstigen Preis gebeten oder diesem zugestimmt hätten. Dies ist so, weil sie es als eine Verletzung ihres Status empfinden und nicht billig erscheinen möchten. Deshalb ist es wichtig, zu verhandeln, denn dadurch könnten sie eine beträchtliche Menge Geld sparen, wenn sie sich darauf einlassen, mit diesen Verkäufern zu verhandeln. Auch wenn manche Menschen sich weigern zu verhandeln, weil sie glauben, dass einige Unternehmen nicht verhandlungsbereit sind, mag dies tatsächlich zutreffen, aber einige kleine Unternehmen sind bereit, über den Preis von Waren zu verhandeln. Wenn man in großen Mengen und regelmäßig bei einem Verkäufer einkauft, erhält man außerdem Rabatte und kann in einer entspannteren Atmosphäre über Rabatte verhandeln.

- Seien Sie informiert: Wissen ist in der finanziellen Freiheit Macht. Um ein Stadium finanzieller Unabhängigkeit zu erreichen und aufrechtzuerhalten, ist es unerlässlich, sich über die für Sie geltenden wirtschaftlichen Gesetze, Regeln und Vorschriften auf dem Laufenden zu halten. Vergewissern Sie sich, dass Sie über die Änderungen und Verbesserungen der Steuergesetze und der Investitions- und Zinsoptionen auf dem Laufenden sind; dies würde dazu beitragen, dass Ihre Investitionen keine Verluste erleiden und Sie in vollem Umfang davon profitieren, je nachdem, welche Option Sie als vernünftig und wertvoll für Ihre Wünsche erachten. Außerdem ist dies ein wesentlicher Schutz vor Leuten, die einen Anleger von wichtigen Investitionsoptionen abbringen oder Sie um den notwendigen Gewinn betrügen wollen. Um dies zu verhindern, ist es jedoch ratsam, die Dienste eines Beraters in Anspruch zu nehmen.

- Geben Sie nicht mehr aus, als Sie verdienen: Dies ist bei jedem finanziellen Schritt oder auf jeder Reise von entscheidender Bedeutung; auch auf dem Weg zur finanziellen Freiheit ist es von entscheidender Bedeutung. Obwohl die Idee der finanziellen Freiheit darin besteht, sich den Lebensstil zu leisten, den man sich wünscht, ohne Angst vor den Auswirkungen auf die Finanzen zu haben. Es ist auch von bemerkenswerter Bedeutung, "unter seinen Möglichkeiten zu leben". Eine Person, die es ständig eilig hat, das Geld oder das Einkommen auszugeben, das eigentlich in die Ersparnisse für die finanzielle Freiheit fließen sollte, würde sich in einer endlosen Reise wiederfinden. Das bedeutet nicht, dass man seine Ausgaben einschränken oder ganz streichen sollte, sondern es zeigt lediglich, dass eine Person, die an finanzieller Freiheit interessiert ist, in der Lage sein muss, zwischen Wünschen und Bedürfnissen zu unterscheiden. Diese Bedürfnisse müssen entsprechend priorisiert werden.

- Beauftragen Sie einen Finanzberater: In den vorangegangenen Schlussfolgerungen wurde darauf hingewiesen, dass ein Finanzberater benötigt wird - vor und nach dem Erreichen der finanziellen Freiheit. Wenn Menschen feststellen, dass sie so viel Vermögen angehäuft haben, investieren sie es entweder falsch oder geben es aus, weshalb sie die Dienste eines Beraters in Anspruch nehmen müssen. Ein Finanzberater hilft bei der Verwaltung des angehäuften Vermögens oder der Gelder. Ein Berater kann auch dabei helfen, die richtigen Anlagemöglichkeiten und Fonds zu finden, um die Risiken zu minimieren. Dementsprechend helfen sie bei der Festlegung eines Plans, der Ihre Freiheit stabilisiert, und auch bei vernünftigen Entnahmeplänen für Ihre Situation.

Die Bedeutung der finanziellen Freiheit

Es gibt Menschen, die sich nicht um die finanzielle Freiheit kümmern, sondern sich mit einem Lebensstil zufrieden geben, bei dem sie von Gehältern abhängig sind und aufgrund ihrer finanziellen Situation für Unternehmen arbeiten, ohne sich um die Gewinne und Zinsen aus Investitionen zu kümmern. Abgesehen von den Vorteilen, die die finanzielle Unabhängigkeit mit sich bringt, gibt sie Ihnen auch die Möglichkeit, Ihren Tag oder Ihre Zeit so zu gestalten, wie Sie es wünschen. Ihr Leben ist auf Dinge ausgerichtet, die Sie wirklich interessieren. Daher haben Sie die freie Wahl, eine der folgenden Optionen zu wählen;

Es gibt keinen Zwang, mit oder für ein Unternehmen zu arbeiten. Ein finanziell freier Mensch hat genug Mittel, um ein

Hobby als täglichen Job zu betrachten, auch wenn es vielleicht nicht so viel einbringt wie ein echter Job. Die Freiheit, auf der Grundlage der Tatsache zu arbeiten, dass einem etwas Spaß macht, und nicht aus der Notwendigkeit heraus, seinen Lebensstil zu finanzieren.

Sie versetzt Sie in eine entspannte und ruhige Position oder Situation, in der Sie tun können, was Sie wollen. Eine finanziell freie Person, die nicht für ein Unternehmen arbeitet, hat zum Beispiel die Freiheit und die Mittel, jederzeit überall hin zu reisen, ohne dass dies Auswirkungen auf ihren Status hat. Jemand anderes müsste dafür allerdings eine Auszeit bei der Kooperation beantragen. Sie haben die Freiheit, Ihren Zeitplan zu planen und zu arbeiten, wann Sie wollen. Finanzielle Freiheit bedeutet nicht nur, dass Sie Ihren gewünschten Lebensstil führen können. Sie bedeutet auch, dass Sie in der Lage sind, diejenigen zu unterstützen und zu finanzieren, die diese Hilfe benötigen.

Der Unterschied zwischen Tom und Guy besteht also darin, dass Guy sich mit der finanziellen Freiheit identifizieren konnte, um seine Bedürfnisse zu befriedigen, während Tom die Schritte und die Bedeutung dieser Ideologie noch nicht erkannt hat.

KAPITEL ZWEI

Geld Mindset Geheimnis

Welche Überzeugung haben Sie von Geld? Ist es eine spärliche Idee oder ein Gut, das man mit viel Mühe nicht erreichen kann? Oder sind Sie der Überzeugung, dass Geld im Überfluss vorhanden ist und dass es möglich ist, wohlhabend zu werden? Nun, die Meinung, die Sie haben oder unterstützen, wird als Geldmentalität bezeichnet. Es ist lediglich Ihre Denkweise oder Ansicht, wenn es um Fragen zu Geld, Fonds, Reichtum und Finanzen geht. Sie ist von entscheidender Bedeutung für den Weg in die finanzielle Freiheit. Viele Menschen sind sich nicht darüber im Klaren, dass sie mit ihren Gedanken und ihrer Meinung darüber entscheiden, was sich in ihrem Leben manifestiert, und dass ihre Geldmentalität einen großen Anteil daran hat, wie wohlhabend sie sind. Dieser besondere Faktor kann auf die Verbindung zwischen dem Gesetz der Anziehung und dem Gesetz der Manifestation zurückgeführt werden. Diese Gesetze sind die wichtigsten Instrumente, die bei Fragen zu Ihrer Geldeinstellung und Ihrer Realität ins Spiel kommen. Das Gesetz der Manifestation besagt, dass Sie die Realität anziehen, die Sie sich selbst wünschen. Die Ereignisse, die sich in Ihrem Leben manifestieren, werden von den Meinungen angezogen, die Sie in Bezug auf ein bestimmtes Thema verkörpern. Wenn Sie also der Meinung sind, dass es an Reichtum mangelt und dieser nicht erworben werden kann, egal wie viel harte Arbeit und Geschicklichkeit Sie investieren, werden Sie feststellen, dass Ihre Finanzen stagnieren und Sie mittellos sind. Es ist wichtig zu glauben, dass man Geld bekommen kann, damit es in Ihrem Leben Realität wird oder sich manifestiert.

Das Konzept der Geldmentalität bezieht sich also auf Ihren Glauben und Ihre Meinung über den Umlauf und die Existenz von Geld oder Reichtum in der Welt und in Ihrer Gemeinschaft. Ihre Einstellung zum Geld wird jedoch nicht durch das Gehalt oder die Zulagen, die Sie erhalten, geprägt, sondern durch Meinungen, die Sie im Laufe der Jahre gelesen, gesehen und erlebt haben. Manchmal entwickelt man unbewusst eine Geldmentalität, ohne zu wissen, dass es sie gibt. Die Einstellung zum Thema Geld ist ein entscheidender Faktor, wenn es darum geht, den Status der finanziellen Freiheit zu erreichen. Die von Ihnen gewählte Haltung oder Einstellung bestimmt auch Ihren Standpunkt oder Ihre Orientierung in Fragen der Finanzen und wirtschaftlichen Veränderungen; sie spiegelt sich in Ihrer Diskussion und Ihrer Haltung gegenüber anderen wider, wenn eine Frage zum Thema Geld aufgeworfen wird. Es gibt jedoch zwei Grundhaltungen, die den Reichtum oder die Finanzen eines jeden Menschen bestimmen, nämlich die Haltung des Überflusses und die Haltung der Knappheit.

Die Denkweise des Überflusses bezieht sich auf die Überzeugung oder das Verständnis, dass Reichtum und Geld erworben werden können; das heißt, Geld zu erlangen ist ein vernünftiger und möglicher Gedanke, der nicht so weit entfernt oder so weit hergeholt ist, wie viele Menschen glauben. Die Menschen, die sich mit dieser Einstellung identifizieren, sind in der Lage, sich mit finanzieller Freiheit zu identifizieren; die Gesetze der Anziehung und der Manifestation sind für ihren Lebensstil und ihre Finanzen von Vorteil. Die Menschen mit dem Knappheitsdenken hingegen glauben strikt an den Gedanken, dass Geld spärlich ist und das Erreichen von Geld oder Reichtum von einer intensiven Suche abhängt, bei der man nicht sicher sein kann, dass man nach einer solchen Suche Geld erhält. In den meisten Fällen arbeiten sie hart und mit dem Drang oder dem ständigen Bedürfnis, Reichtum zu erwerben, verdienen aber nur wenig oder weniger Geld als diejenigen, die an den Überfluss glauben. Es ist wichtig zu beachten, dass eine bestimmte Denkweise nicht von dem Geld abhängt, das Sie derzeit haben, sondern von einer Reihe von Ereignissen und den Schlussfolgerungen, die Sie unbewusst oder unbewusst gezogen haben; dies ist der Grund für die Möglichkeit, dass einige Millionäre oder Bürovorsteher von der Knappheitsdenkweise umgeben sind. Dies könnte eine Folge verschiedener Ereignisse sein und sich negativ auf ihre Investitionen auswirken, weil sie Angst vor Risiken haben. Das bedeutet jedoch nicht, dass eine Person, die sich einmal mit einer bestimmten Denkweise identifiziert hat, ihr Leben lang nur noch von dieser abhängt.

Die Abhilfemaßnahmen sind einige der in diesem Kapitel behandelten Themen.

Die wichtige Frage an dieser Stelle ist, wie Ihre Geldeinstellung gewählt oder entschieden wird? Die Denkweise, die Sie zu erkennen oder zu wählen scheinen, ist das Ergebnis verschiedener Faktoren. Es kann sein, dass eine Person sich entweder mit der Überfluss- oder mit der Mangelmentalität identifizieren möchte, und zwar als Ergebnis einiger Situationen oder Ideen, die in der Kombination Ihrer persönlichen Entscheidungen hervorgehoben werden; manchmal haben Ihre unbewussten Gedanken oder Gefühle diese Wahl schon vor langer Zeit getroffen, bevor Sie sich der Existenz einer Geldmentalität bewusst wurden. Eine Person, deren Eltern oder Familie aufgrund begrenzter Mittel oder instabiler Finanzen in ständiger Unordnung lebten, würde sich wahrscheinlich mit der Knappheitsmentalität identifizieren; für eine solche Person wird die Beschaffung von Geld immer ein Kampf und kein Vergnügen sein.

Auch die wirtschaftliche oder finanzielle Lage der Allgemeinheit während des Heranwachsens eines Menschen ist ein Faktor, der die Denkweise des Einzelnen bestimmt. Wenn beispielsweise Toms Gemeinschaft oder sein Land in den Jahren seiner Ausbildung in einer Rezession steckte, glaubt er und übernimmt die Ideologie, dass es wenig oder nicht genug Geld gibt, um die gesamte Bevölkerung zu unterstützen. Die Einstellung zum Geld wird hauptsächlich in der Kindheit oder in der Wachstumsphase geprägt, da die meisten Meinungen und Ideologien in diesen Jahren gebildet werden.

Die Auswirkungen Ihrer Denkweise auf Geld

Es gibt Menschen, die sich in einer günstigen Situation befinden, in der immer Geld vorhanden ist, um alle Bedürfnisse und Wünsche zu erfüllen. Die meisten Menschen gehören jedoch nicht zu dieser besonderen Kategorie. Ob man sich dessen bewusst ist oder nicht, der Betrag oder der Prozentsatz des Geldes, den man verdient oder auf dem Konto hat, ist das Ergebnis der Denkweise, die man sich angeeignet hat. Daher ist es wichtig, die Bedeutung und die Auswirkungen der Geldmentalität zu verstehen, damit sie geändert werden kann, wenn sie sich als nachteiliger Faktor auf dem Weg zur finanziellen Freiheit erweist. Wenn dies nicht der Fall ist, ist es wichtig, die Geldmentalität im Überfluss fortzusetzen, um einen finanziell freien Zustand zu erreichen und zu erhalten.

Welche Auswirkungen hat die Geldmentalität auf Ihre derzeitige finanzielle Situation?

- Sie trägt zur finanziellen Freiheit bei: Eine gute (Überfluss-)Geldmentalität hilft, die Position der wirtschaftlichen Freiheit und Unabhängigkeit zu erreichen. Es geht nicht nur darum, finanzielle Freiheit zu erreichen, sondern sie auch zu erhalten und in einem finanziell freien Zustand zu wachsen. Diese Denkweise trägt dazu bei, dass sich Reichtum und Wachstum in Ihrer Realität manifestieren, und nicht die Denkweise der

Knappheit, die den erhaltenen Reichtum und die erhaltenen Mittel einschränken würde.

- Es schränkt das finanzielle Wachstum ein: Das Knappheitsdenken ist ein massives Hindernis für Wachstum. Eine Person mit einem Knappheitsdenken muss nicht unbedingt mittellos sein, sie könnte bis zu einem gewissen Grad wohlhabend sein, aber sie hat weder den Wunsch noch die Neugier, sich dessen bewusst zu werden, was jenseits ihres derzeitigen finanziellen Zustands existiert. Daher kann ein Mangeldenken dazu führen, dass sich der Einzelne in einer Position wohlfühlt, in der er sich normalerweise verändern oder über sich hinauswachsen möchte, da man davon ausgeht, dass Veränderung der einzige konstante Vorgang in jedem Menschen ist.

- Sie bestimmt Ihre Einstellung zu Geldangelegenheiten: Die Art und Weise, wie Sie reden, ausgeben, leben und wie Sie sich in jeder Situation zu Finanzfragen oder anderen Themen äußern, hängt von Ihrer Einstellung ab. Wie bereits erwähnt, würde eine Person mit einer Haltung der Knappheit keinen Grund oder keine Bedeutung darin sehen, mehr Geld oder Gewinn zu machen. Ein Mensch, der sich der Fülle bewusst ist, neigt jedoch dazu, die wertvollsten Positionen und Ideen in einem Raum zu erkennen, um in eine solche finanzielle Situation zu investieren und sie zu fördern.

- Das wirkt sich auf Ihre Geschäfte aus: Nehmen Sie zum Beispiel eine Situation, in der Sie gerne einen Investor treffen würden, um in Ihr Unternehmen oder Ihre Kooperation zu investieren, aber Ihre Knappheitsmentalität kein volles Vertrauen in die Idee hat, die Sie präsentieren. Die meisten Menschen finden Vertrauen attraktiv, und niemand möchte in ein Unternehmen investieren, bei dem der CEO ein gleichgültiges Gefühl hat. Um finanziell frei zu sein, reicht es also nicht aus, sich zwischen der Haltung des Mangels und der des Überflusses zu entscheiden; der Einzelne muss sich für den Überfluss entscheiden und in seiner Wahl sehr zuversichtlich sein.

- Eine Haltung der Knappheit könnte Ihre Ziele behindern und Ihr Potenzial einschränken. Aufgrund Ihrer ständigen Angst vor Verlusten oder "nicht genug zu haben" werden viele rentable Geschäfte nicht in Betracht gezogen, weil eine Person mit einem Mangeldenken nie bereit ist, Risiken einzugehen. Sie sind sich der Tatsache nicht bewusst, dass jedes Investitionswachstum oder jeder Gewinn auf der Fähigkeit beruht, Risiken bei vernünftigen oder potenziellen Geschäften einzugehen.

- Eine Denkweise des Überflusses verschafft Ihnen einen Vorteil: Sie ermöglicht es Ihnen, in Situationen oder Fällen, in denen andere glauben, es gäbe nur begrenzte Gewinne, Chancen zu sehen und zu erkennen. Es gibt

Ihnen Weitsicht, weil Sie glauben, dass Sie in jeder Situation oder auf jedem Konto, in das Sie investieren, einen Gewinn erzielen werden. Daher sind Sie offener als andere, die auf Knappheit bedacht sind, wenn es darum geht, in neue Ideen oder Unternehmen zu investieren.

Ihre Geldeinstellung bestimmt viele Faktoren in Ihrem Leben; sie bestimmt Ihre Beziehungen, die Orte und Veranstaltungen, die Sie besuchen, Ihre Reaktion auf Probleme und jeden anderen Aspekt des Lebens.

Schritte zur Erlangung des Abundance Mindset.

Sie müssen nicht für den Rest Ihres Lebens in einer Verlustsituation leben, wenn Sie schon seit einiger Zeit ein Opfer der Mangelwirtschaft sind. Knappheitsdenken liegt vor, wenn Ihr Lebensstil und Ihre Ausgaben auf Ihrem Gehaltsscheck und der Höhe Ihres Gehalts oder Einkommens beruhen. Mit einer solchen Denkweise haben Sie vielleicht nie die Fähigkeit oder den Eifer, sich an irgendwelchen Interessen zu beteiligen, weil Sie befürchten, dass Sie nicht genug haben oder nie genug haben werden.

Die Denkweise des Überflusses ist jedoch voll von verschiedenen vorteilhaften Optionen und Gelegenheiten, und sie berücksichtigt jeden Gewinn oder Vorteil, der aus Investitionsgeschäften erzielt werden könnte, die von Personen mit einer Denkweise des Mangels ignoriert oder vermieden wurden. Eine Person mit einer Fülle-Mentalität würde niemals die Möglichkeit in Betracht ziehen, dass ein Geschäft oder eine Investition in der Anfangsphase nicht erfolgreich sein könnte; sie sind Optimisten, wenn es um Fragen, Ideen und Gedanken geht, die Geld betreffen. Es gibt einige Schritte, die notwendig sind, um aus der Position des Mangels in die des Überflusses zu wechseln, um finanzielle Freiheit zu gewährleisten: Identifizieren Sie Ihre derzeitige Denkweise: Um zu wachsen oder eine bestimmte Denkweise zu verlassen, ist es wichtig, sich die derzeitige Überzeugung einzugestehen und anzuerkennen, um weiterzumachen. Sie müssen sich dieser Veränderung oder Entwicklung bewusst sein, um sicherzustellen, dass Sie den Wechsel von der Knappheit zur Fülle achtsam vollziehen.

- Forschung: Wenn Sie dies lesen, haben Sie den ersten und wichtigsten Schritt auf dem Weg zu einer Denkweise des Überflusses getan. Es ist wichtig, herauszufinden, mit welcher Art von Denkweise Sie sich identifizieren, indem Sie Bücher lesen und Nachforschungen über verschiedene Geldmentalitäten anstellen.

- Konzentrieren Sie sich auf die Vorteile, nicht auf die Verluste: Obwohl die meisten Denkweisen in der Kindheit oder im Teenageralter geformt werden, werden sie in einigen Fällen im Erwachsenenalter geformt, wenn Sie einen Job haben. Es ist sogar möglich, dass Sie mit einer Haltung des Überflusses aufgewachsen sind, aber aufgrund einiger Verluste während Ihrer Erwachsenenphase gab es einen Verlust, der Ihren gesamten Glauben an den Überfluss sabotiert hat. Wie kommen Sie dann aus dieser Situation heraus? Um über die Haltung der Knappheit hinauszuwachsen, ist es wichtig, den Faktor zu identifizieren, der diese Haltung überhaupt erst begründet hat, und sich von dieser Angelegenheit oder diesem Umstand zu lösen. Deshalb ist es wichtig, sich auf die Gewinne zu konzentrieren, die erzielt werden können, wenn auf den Verlust verzichtet wurde. Lassen Sie jeden Fehler los, der in Ihren Finanzen gemacht wurde, um Negativität loszulassen und positive Energie zu gewinnen.

- Budget: In jeder Phase und bei jeder Entscheidung auf dem Weg zur finanziellen Freiheit ist es entscheidend, eine Richtung oder ein Budget für das verdiente Geld festzulegen. Ein Budget ist ein festgelegter Plan der Mittel, die für jeden Aspekt des Lebens einer Person ausgegeben werden. Wie trägt nun ein Budget zum Wohlstandsdenken bei? Es ist wichtig zu verstehen, dass Sparen oder Arbeiten für Geld ohne einen bedeutenden Plan ärgerlich sein kann, wenn man glaubt, dass man keine Verwendung für den erworbenen Reichtum hat. Ein Budget ist wie ein Motivator, der Ihnen einen eindeutigen Grund gibt, sich mit dem Überfluss zu identifizieren. Vom Standpunkt eines Vermarkters aus betrachtet, würde er sich gleichgültig gegenüber seiner finanziellen Situation fühlen, wenn er keine bestimmte Aufgabe oder kein bestimmtes Ziel hat, um an Geld zu kommen, was der Denkweise der Knappheit ähnelt.

- Verbinden Sie sich mit Menschen, die eine ähnliche Einstellung haben: In den meisten Fällen wird die Energie oder Wertschätzung eines Menschen von denen bezogen, mit denen er sich umgibt oder verbindet; es ist wichtig, sich mit Menschen zu verbinden, die sich mit der Einstellung der Fülle identifizieren, um in der Fülle zu sein. Für die Entwicklung in jeder Lebensphase oder in einem bestimmten Aspekt ist es unerlässlich, mit Menschen zu verkehren, die diese Position richtig eingenommen haben, um die entsprechenden Verfahren zu erlernen; sich mit der richtigen Art von Menschen zu verbrüdern. In diesem Fall geht es darum, mit anderen Menschen zusammenzukommen, bei denen man feststellen kann, dass sie die Geisteshaltung des Überflusses oder ähnliche Werte haben, die man sich aneignen möchte.

- Bekräftigen Sie sich selbst: Es ist wichtig, Motivationen oder Ziele zu haben, die die Vorteile und die Notwendigkeit einer Denkweise des Überflusses bekräftigen.

- Behalten Sie Ihre Finanzen im Auge: Es ist wichtig, ein Ritual zu haben, bei dem Sie die Einnahmen und Ausgaben Ihres Kontos überprüfen. Das hilft Ihnen, Ihre finanzielle Einstellung zu bewahren; jeder Mensch wächst an der Tatsache, dass das, in das er investiert hat, einen gewissen Prozentsatz an Einnahmen gebracht hat.

- Vermeiden Sie es, sich zu beschweren: Die meisten Menschen beschweren sich über die Geldzirkulation; dies trägt nur dazu bei, dass sich die Knappheitsmentalität verfestigt. Daher müssen Sie alle negativen Haltungen und Gedanken vermeiden, um sicherzustellen, dass es keinen Faktor gibt, der zu einer Knappheitshaltung beiträgt. Wenn Sie dies achtsam tun, schaffen Sie Wachstum für eine Haltung der Fülle. Schaffen Sie ein Ritual, in dem Sie sich selbst gegenüber dankbar sind, und würdigen Sie jede Stufe des Wachstums, die Sie erreichen konnten.

Um finanzielle Freiheit zu erlangen, ist es unerlässlich, dass dieser notwendige Wandel oder Schritt vollzogen wird, da er die Gewinn- und Investitionsentscheidungen bestimmt, die eine Person treffen kann. Ignorieren Sie die Meinung, dass manche Menschen mit der Einstellung des Überflusses geboren werden und deshalb Erfolg und Wachstum in der Finanzwelt haben; nehmen Sie zur Kenntnis, dass Ihre Gedanken und Vorstellungen über Geld etwas sind, das Sie steuern können. Sie sollten Ihre Einstellung zum Geld selbst in die Hand nehmen, anstatt die Hauptrolle in Ihrem Lebensstil zu übernehmen.

KAPITEL DREI

Passives Einkommen

Jeder Mensch hat diesen einen Freund, der nicht daran interessiert ist, sich dem Stress auszusetzen, einen Job anzunehmen, der eine strenge Arbeitsmoral erfordert; vielleicht haben Sie nicht einmal einen Freund, da Sie diese Person für jemand anderen sind. Jeder Mensch erreicht eine Phase im Leben, in der keine Ideen und keine Arbeit für ihn von Interesse sind, die einzige Aufgabe, die ihm Spaß zu machen scheint, ist die, die wenig oder gar keine Anstrengung von ihm verlangt. Im technologischen Zeitalter, in das sich die Welt entwickelt hat, sind die meisten Menschen an anstrengenden Jobs interessiert, die totale Hingabe und die Einhaltung von Zeitplänen oder Regeln erfordern, die nicht ihren Wünschen entsprechen.

Was ist passives Einkommen?

Passives Einkommen bezieht sich auf das Geld oder Gehalt aus einer Aufgabe oder "Job" Sie sind nicht aktiv beteiligt. Im Gegensatz zu jeder anderen Arbeit oder jedem anderen Einkommen erfordert das passive Einkommen keinen nennenswerten Aufwand, um es zu erzielen oder zu erhalten. Soweit es ein passives Einkommen gibt, gibt es sicherlich auch ein aktives Einkommen, was diese Einkommenskategorien voneinander unterscheidet. Das aktive Einkommen erfordert einen aktiven Einsatz von Zeit und Mühe, um ein Einkommen zu erzielen, während dies beim passiven Einkommen nicht der Fall ist. Es gibt jedoch eine fortgeschrittene Stufe des passiven Einkommens, die als progressives Einkommen bezeichnet wird; es handelt sich um ein Einkommen, das durch geringe oder minimale Anstrengung bei der Durchführung der erforderlichen Aufgaben erzielt wird. Welchen Vorteil bietet dann das passive Einkommen? Der offensichtlichste Vorteil des passiven Einkommens ist die Tatsache, dass es von seinen Teilnehmern wenig oder gar keine Energie verlangt; Sie werden für Tätigkeiten und Aufgaben bezahlt, die nicht Ihre körperliche Beteiligung erfordern. Einige Aufgaben im Zusammenhang mit passivem Einkommen können jedoch in der Anfangsphase etwas anstrengend sein, aber danach wird es leicht. Das Grundprinzip dieser Idee besteht darin, zu verdienen, während man nichts tut. Ein Beispiel dafür ist das Einkommen aus der Vermietung von Immobilien. Der zweite Vorteil ist die steuerliche Option, die sich aus dieser Entscheidung ergibt; einige Steuerbehörden unterscheiden zwischen den verschiedenen Einkommensarten und besteuern sie entsprechend und nicht generell.

Bei diesem Ziel gibt es drei Hauptkategorien von Einkommen, die von der Steuerbehörde (Internal Revenue Service, IRS) anerkannt werden: passives Einkommen, aktives Einkommen und Portfolioeinkommen. Laut IRS wird passives Einkommen aus drei Kategorien erzielt, nämlich aus Handel, Vermietung und passiven Tätigkeiten, an denen Sie nicht wesentlich beteiligt sind. Die primären Quellen für passives Einkommen sind Investitionen, Immobilien, Handel und Blogging. Personen, die sich dafür entscheiden, sind in der Regel große Befürworter der Selbstständigkeit anstelle von formellen Arbeitsplätzen. Das Thema der Selbständigkeit ist die bedeutende Verbindung, die sie mit der finanziellen Freiheit hat.

Wie kann passives Einkommen generiert werden?

Wenn Sie plötzlich gekündigt haben oder entlassen wurden und auf Ihre Ersparnisse angewiesen sind, ist es nur eine Frage der Zeit, bis diese Ersparnisse aufgebraucht sind. Auch wenn Sie zu keiner dieser Kategorien gehören, aber mehr als Ihr Gehalt verdienen möchten, ist ein passives Einkommen ein wichtiger Aspekt, den es zu berücksichtigen gilt. Sie müssen nicht zwangsläufig arbeitslos sein, um passiv Geld zu verdienen; man könnte es als einen Nebenverdienst betrachten, der Ihren finanziellen Status verbessert, wenn er zu Ihrem Grundgehalt hinzukommt. Im Folgenden finden Sie einige Möglichkeiten, passives Einkommen zu erzielen;

Obwohl die Leute projizieren die passive Einkommen als Gewinn erworben "während Sie schlafen", ist dies eine falsche Darstellung der gesamten Idee des passiven Einkommens. Diese besondere Gemeinschaft oder Gruppe von Menschen nicht zu identifizieren oder zu präsentieren, die wichtigsten Bestandteile der passiven Marketing, die die Tatsache, dass Sie in einem bestimmten Prozentsatz der Arbeit in der Anfangsphase des Projekts setzen müssen. Entweder wurde viel Zeit oder Geld investiert, um Sie schließlich in die Lage zu versetzen, "im Schlaf" verdienen zu können. Diese Mentalität verleitet die Menschen dazu, sich auf ein passives Einkommen einzulassen, ohne die nötige Ausbildung zu absolvieren oder in ihr Wissen über die Materie zu investieren. Daher muss viel Arbeit in die

Gründung gesteckt werden, um ein gut verwaltetes Einkommen zu gewährleisten.

Passives Einkommen setzt einen Beitrag voraus, woher soll der Gewinn sonst kommen? Um sicherzustellen, dass Sie durchgängig einen gesunden Gewinn aus finanziellen Einkünften erzielen. Es ist wichtig zu beachten, dass Sie etwas in die Idee investieren müssen, die dieses Einkommen generieren soll. Das kann Zeit oder Geld sein, je nachdem, in welches Geschäft Sie investieren wollen. Ein Beispiel ist die Investition in Dividendenaktien. In Dividendenaktien wird in Unternehmen investiert, die einen bestimmten Prozentsatz ihres Gewinns an ihre Aktionäre oder Investoren ausschütten. Um sich für eine solche Idee zu qualifizieren, müssen Sie eine große Summe Geld investiert haben, um Aktionär dieses Unternehmens zu werden. Auch eine Investition in Immobilien würde eine beträchtliche Geld- und Zeitinvestition erfordern, um eine Immobilie zu finden, die einen hohen Prozentsatz an Einkommen einbringt. Daher wird der Gewinn aus der Vermietung dieser Immobilien erzielt.

Um einen bestimmten Prozentsatz des Einkommens durch passives Einkommen zu erwirtschaften, ist es daher wichtig zu verstehen, dass kein Geld vollständig verdient wird. Auch wenn dies manchmal so erscheinen mag, weil Sie einen Freund haben, der nichts tut, aber so aussieht, als würde er viel verdienen, müssen Sie verstehen, dass er zu einem bestimmten Zeitpunkt in seiner passiven Einkommenskarriere einige Grundsätze und Anstrengungen unternommen hat, um sich mit dieser Position zu identifizieren.

Schritte zur Erzielung von passivem Einkommen

Durch die Diskussion auf den vorangegangenen Seiten sind Sie mit einigen der wichtigsten Maßnahmen zur Erzielung eines stabilen passiven Einkommens vertraut geworden. Es ist jedoch notwendig, diese Schritte klar und präzise zu formulieren, um sicherzustellen, dass jeder Teilnehmer ein gut durchdachtes passives Einkommen aufbaut, das ihm langfristig einen konstanten Gewinn bringt. Um dies zu vermeiden, ist es wichtig, die sinnvollen Schritte aufzuzeigen und zu definieren, die jeder, der sich für passives Einkommen als eigentlichen Job oder Nebenjob interessiert, unternehmen muss.

- Es ist wichtig, sich einen Überblick zu verschaffen: Es ist nicht verwunderlich, dass das passive Einkommen eine Vielzahl von Möglichkeiten bietet. Es ist jedoch von entscheidender Bedeutung, jede Möglichkeit zu prüfen und die am besten geeignete auszuwählen. Das Interesse ist ein wesentlicher Faktor des passiven Einkommens, denn es wird von Ihnen erwartet, dass Sie Ihre Zeit und Ihr Geld investieren. Wenn das Interesse an diesem Punkt fehlt, könnten Sie müde oder erschöpft werden, während Ihr Gewinn Zeit braucht, um zu wachsen. Daher müssen Sie bei der Wahl Ihrer Idee mehrere Faktoren berücksichtigen, die auf Ihre besondere Situation und das Geld, das Sie zur Verfügung haben, zutreffen. Wenn Sie über ein beträchtliches Kapital verfügen, ist die Anlage in

Immobilien oder Dividendenaktien eine wünschenswerte Option für Sie. Auch wenn Sie den Gewinn und die Zinsen nicht genau zum Zeitpunkt der Einlage erhalten, ist der Gewinn, den Sie erzielen würden, nachdem Sie der Anlage Zeit zum Wachsen gegeben haben, unvergleichbar mit dieser Einlage. Einige der Ideen, die von jedem Teilnehmer in Betracht gezogen werden können, sind;

o Verkauf von Informationen: Das technologische Stadium, das die Welt erreicht hat, hat den Verkauf von Produkten, die spezifische Informationen enthalten, möglich gemacht. Die meisten Menschen sind neugierig geworden und wollen etwas lernen; daher die massive Produktion von Informationsprodukten, z. B. E-Books und Hörbüchern. Sobald der Einrichtungsprozess oder der Aufwand, ein Buch zu schreiben, abgedeckt ist, bleibt es den Teilnehmern überlassen, mit dem Verkauf der Produkte Geld zu verdienen. Um davon zu profitieren, müssen Sie jedoch sicherstellen, dass Ihre Produkte nicht mittelmäßig sind, da der Wettbewerb in diesem Bereich sehr stark ist.

o Vermietung: Auch wenn diese Idee für manche Menschen traditionell erscheinen mag, sind Immobilieninvestitionen und der Besitz von Immobilien eine hervorragende Möglichkeit, passives Einkommen zu erzielen. Sie erfordert nicht so viel Aufwand wie die obige Idee, aber sie erfordert Verständnis für den Prozess und die Technik von Immobilien, um den Verlust des investierten Kapitals zu vermeiden. Eine Person, die mit den Komponenten und Anforderungen des passiven Einkommens durch Immobilieninvestitionen vertraut ist, kann diese Idee als eine vernünftige und umsetzbare Einkommensquelle nach der Pensionierung etablieren. Laut John Graves, einem anerkannten Anlagetreuhänder, gibt es drei Voraussetzungen, die erfüllt sein müssen, um die Stabilität des passiven Einkommens zu gewährleisten: Sie müssen in der Lage sein, den Gewinn zu bestimmen, den Sie von dem in die Investition eingebrachten Beitrag erwarten, Sie müssen eine Vorstellung von den Gesamtkosten der Immobilie und den erforderlichen Ausgaben sowie den finanziellen Risiken haben, die mit dem Besitz der Immobilie einhergehen, da diese Faktoren Sie auf jede Situation vorbereiten würden.

o Affiliate-Marketing: Dies mag nicht so viel Gewinn bringen wie die bereits genannten Ideen, aber es ist eine Möglichkeit, ohne großen Aufwand Geld zu verdienen. Was ist Affiliate-Marketing? Es handelt sich um eine Marketingtechnik, bei der Blogger oder Vermarkter die Produkte eines Dritten bewerben, indem sie Links zu diesen Produkten veröffentlichen. Wie können Sie mit dieser Technik Geld verdienen? Wenn ein Affiliate-Link auf Ihrer Website veröffentlicht wird und ein Verbraucher auf den Link klickt und in diesem Moment

Produkte des Dritten kauft, haben Sie Anspruch auf eine Provision von diesem Dritten. Der erhaltene Prozentsatz hängt ausschließlich von der Anzahl der gekauften Produkte ab. Ein erfolgreiches passives Einkommen durch Affiliate-Marketing erfordert jedoch einige Anstrengungen, da Sie ein Publikum für Ihre Website aufbauen und einen stabilen Prozentsatz mit konsistenten und angemessenen Inhalten schaffen müssen.

o Kreditvergabe: Bei der Peer-to-Peer-Kreditvergabe wird über einen registrierten Dritten Geld an Personen verliehen. Der Gewinn aus dieser Idee besteht aus den Zinsen, die derjenige zahlt, dem das Geld geliehen wurde.

o Dividendenaktien, Hochzins-Sparkonto, Vermietung eines zusätzlichen Zimmers oder Autos, Display Ads

• Erstellen Sie eine Zieltafel: Dies ist eher von persönlichem Nutzen für Sie als für das Unternehmen. Es wird nicht einfach sein, sich am passiven Einkommen zu beteiligen. Es ist jedoch wichtig, die Idee zu notieren, in die Sie investieren möchten, die Gewinnraten dieser Idee, den Prozentsatz des Beitrags, den Sie leisten möchten, und den erwarteten Gewinn zum Zeitpunkt der Rückgabe. Es ist wichtig, sich diese Ziele zu setzen, da sie Ihnen helfen, sich in Zeiten der Entmutigung zu motivieren; daher ist es sehr wichtig, Ihre Ziele auf Papier festzuhalten. Studien haben gezeigt, dass Ziele, die der Einzelne aufgeschrieben hat, für ihn realisierbarer und vernünftiger sind als solche, die er nur in seinem Kopf hat. Daher sollten Sie Ihre Ziele aufschreiben und so viel wie möglich zu Papier bringen, da dies Ihre Investition unterstützen würde.

- Planen Sie Ihre Entscheidungen und Schritte: Nach einer Idee und einem Ziel besteht der nächste Schritt darin, Ihre Auswahl und Entscheidungen zu planen, um diese Ziele zu erreichen. Beachten Sie die Entscheidungen und notwendigen Optionen, die Sie in Betracht ziehen müssen, um von einer Position in Ihrem Zielplan zur nächsten zu gelangen. Wenn Sie Ihre Ziele an jedem einzelnen Punkt planen, werden sie für Sie und alle, die Sie dabei unterstützen könnten, realistischer und umsetzbarer. Daher ist es wichtig, dass Sie sich nicht willkürlich Ziele setzen und sich darüber im Klaren sind, was von Ihnen verlangt wird, um die gewünschte Stufe des passiven Einkommens zu erreichen.

- Erstellen Sie einen alternativen Plan: Es gibt unterschiedliche Situationen; passive Einkünfte können für manche Menschen ein Backup sein, während andere ausschließlich von passiven Einkünften abhängig sind. Um finanzielle Freiheit zu erreichen, darf man nicht nur von einer Einkommensquelle abhängig sein. Innovation ist der Schlüssel. Sie müssen investieren und andere Pläne erstellen, während Sie sich umsetzbare Ziele setzen, um ein stabiles Stadium des passiven Einkommens zu erreichen. Der Grund dafür ist, dass einige Ideen für ein passives Einkommen trotz der investierten Zeit und des Geldes in der Regel nicht immer erfolgreich sind. Das liegt einfach in der Natur des Geschäfts, und das ist der Grund für die Bedeutung von Wissen und Forschung zu jedem Thema, in das Sie investieren wollen. Wenn Sie also planen, in Dividendenaktien zu investieren oder einen Blog zu starten, müssen Sie für diese Ideen nicht Ihren Tagesjob aufgeben und sich ausschließlich auf sie verlassen. Stattdessen ist es ratsam, nicht von diesen Unternehmen abhängig zu sein, um eine unvorsichtige finanzielle Situation zu haben.

- Knüpfen Sie Kontakte zu erfolgreichen Menschen in diesem Bereich: Die Bedeutung von Netzwerken kann nicht hoch genug eingeschätzt werden. Wenn Sie in einem bestimmten Bereich erfolgreich werden wollen, ist es eine wichtige Idee oder Option, sich über diejenigen zu informieren, die mit einem solchen Ansatz ein erhebliches Einkommen erzielt haben. Neben der Lektüre dieser Informationen ist es wichtig, mit diesen Menschen in Kontakt zu treten und mit ihnen zu sprechen, um ein Verständnis für die Anforderungen und Erwartungen zu entwickeln, die Sie an ein bestimmtes System stellen sollten. Bei jedem Schritt Ihrer Beziehung zu ihnen ist es wichtig, immer die Dinge zu finden, die sie tun und die Sie noch in Ihre Geschäftsideen und Ziele integrieren müssen. Erkundigen Sie sich nach ihren Ideen und Strategien und setzen Sie sie in Bezug auf Ihre Situation mit passivem Einkommen um.

Vorteile von passivem Einkommen

Es beschleunigt Ihren Status der finanziellen Freiheit, indem es einen zusätzlichen Einkommensstrom hinzufügt, der den Prozentsatz des Beitrags zu Ihren Ersparnissen verdoppelt. Es hilft, die Grenzen zu erweitern oder zu beseitigen, die zur Kontrolle oder Einschränkung eines bestimmten Budgetplans gesetzt wurden. Dies trägt auch dazu bei, die Vernunft hinter dem Konzept der Geldmentalität zu aktualisieren, da Sie bewusster sind und mehr Vertrauen in Pläne oder Ideen haben, wenn es Ideen gibt, die in Bewegung gesetzt werden, um das Grundprinzip zu projizieren.

Die Teilnehmer haben die Möglichkeit, vorzeitig in den Ruhestand zu gehen, ihren Job zu kündigen und an etwas teilzunehmen, das sie wirklich interessiert. Manche Menschen können sich nicht auf Stellen bewerben, die sie sich wünschen, weil sie dort nicht viel verdienen und ihre reguläre Arbeit zeitaufwendig ist. Der Job mit passivem Einkommen ermöglicht es ihnen, an ihrer Wunschposition teilzunehmen und mehr oder annähernd den gleichen Prozentsatz zu verdienen wie bei aktiven Jobs.

Es handelt sich um eine vorteilhafte Technik für den Fall, dass eine Person plötzlich ihren Arbeitsplatz verliert. Viele Kooperationen und Unternehmen müssen aus verschiedenen Gründen dringend einige Arbeitnehmer vor Ablauf ihres Vertrags entlassen. Viele dieser Arbeitnehmer sind angesichts des Verlusts ihres Arbeitsplatzes verzweifelt. Das muss nicht so sein, denn in der Zeit, die zwischen dem Verlust des Arbeitsplatzes und dem Erwerb eines neuen besteht, sind Sie nicht in erster Linie betroffen.

Sie schafft einen alternativen Plan für Gelder oder Einkommen nach der Pensionierung. Viele Arbeitnehmer sind von ihren Thrift Savings Plans und 401(k)s abhängig, ohne die Möglichkeit in Betracht zu ziehen, dass ein Notfall eintreten könnte, der diese Ersparnisse aufbraucht. Eine Person im Ruhestand, die an passivem Einkommen interessiert ist, vor allem an Vermietungstätigkeiten, könnte sich auf das aus dieser Quelle stammende Gehalt verlassen oder davon abhängig sein.

Wer dazu beitragen will, muss jedoch die Tugend der Geduld besitzen. Jede Option zur Erzielung von passivem Einkommen erfordert Geduld, da eine Person nicht über Nacht reich oder finanziell frei von diesem Einkommen werden kann. Daher kann eine Person, die bereit ist, über einen längeren Zeitraum geduldig zu bleiben, erfolgreich sein und durch eine der Optionen, die das passive Einkommen bietet, finanzielle Freiheit erlangen.

Es ermöglicht persönliches Wachstum, eine tägliche oder permanente Routine in einem bestimmten Job kann sich wiederholen, unnötig und einschränkend werden. Passives Einkommen bietet Ihnen die Möglichkeit, eine neue Geschäftsidee zu entwickeln, die Ihr finanzielles und geistiges

Wachstum fördert. Außerdem haben Sie dadurch viel Freizeit, um sich zu jeder beliebigen Zeit mit Aktivitäten zu beschäftigen, die Sie wirklich interessieren.

Nicht jeder Mensch schätzt seine derzeitige Arbeit, und nicht alle würden finanzielle Freiheit von ihren derzeitigen Arbeitsplätzen zu erreichen. Um den Status der finanziellen Freiheit schneller zu erreichen, ist es daher unerlässlich, sich den Ideen des passiven Einkommens hinzugeben.

VIERTE KAPITEL

Investieren in Dividenden

Jeder, der ein passives Einkommen anstrebt, muss die Bedeutung und die Strategie der Investition in Dividendenaktien verstehen und schätzen. Eines der Merkmale der finanziellen Freiheit, die in den vorangegangenen Kapiteln hervorgehoben wurden, ist die Tatsache, dass man nicht mit oder für jemanden arbeiten muss, um sich mit dem Status der finanziellen Freiheit zu identifizieren. Das Investieren in Dividendenaktien ist eine der tiefgreifendsten Möglichkeiten, finanzielle Freiheit und passives Einkommen zu erlangen. Es bietet die Chance, einen großen Prozentsatz des Einkommens neben dem regulären Einkommen aus der täglichen Arbeit zu verdienen. Es geht darum, vom Wert des Marktes zu profitieren, in den Sie durch den Kauf von Aktien investiert haben.

Was ist Dividendeninvestition?

Bei der Dividendenanlage handelt es sich um eine Anlage- oder passive Einkommensoption, bei der den Aktionären einer Gesellschaft oder eines Unternehmens ein Prozentsatz des Einkommens oder des Gewinns auf der Grundlage der in das betreffende Unternehmen getätigten Investitionen ausgezahlt wird. Die Gewinnausschüttung an die Anteilseigner kann in der Regel in bar oder in einem Reinvestitionsplan erfolgen, und sie kann auch durch eine Aufstockung oder die Ausgabe weiterer Aktien an den Einzelnen anstelle einer Barzahlung an die Bank erfolgen. Durch die Dividendenausschüttung widmet ein Unternehmen oder Betrieb einen Teil seines Gewinns den Aktionären, während der andere Teil für das Wachstum des Marktes verwendet wird, um einen stabilen Gewinnzyklus zu gewährleisten. Es besteht kein Zwang, Dividenden an die Aktionäre oder Anteilseigner zu zahlen, es ist lediglich die Entscheidung der Unternehmensleitung, den Nutzen ihres Anteils durch zwei primäre Optionen zu finanzieren: mit Bargeld durch Einzahlung auf ihr Konto oder die Möglichkeit, es in Aktien des Unternehmens zu reinvestieren. Es gibt jedoch keine allgemeine Regel, die festlegt, wann eine Dividende gezahlt werden sollte; dies hängt von den Anforderungen und der Situation der einzelnen Unternehmen ab. Bei Dividendeninvestitionen ist es wichtig, den Zeitpunkt der Investition sorgfältig zu wählen und die Kooperation oder das Unternehmen, in das man investieren möchte, kritisch zu prüfen; dies gilt vor allem für Anleger mit hohem Einkommen. Jede Person, die beschließt, sich an Dividendeninvestitionen zu beteiligen, muss sich vergewissern, dass sich das betreffende Unternehmen in einer stabilen finanziellen Lage befindet, d. h. dass der Aktienkurs steigt, dass die Produktion zuverlässiger Produkte oder Dienstleistungen hoch ist und dass die Produkte, das Unternehmen und das Management des Unternehmens ein Wachstumspotenzial aufweisen. Die Meinung jedes Einzelnen über Dividenden ist subjektiv und hängt von seiner Erfahrung ab; Dividenden sind gut oder schlecht, je nach Anlagestrategie oder Ansatz. Damit der Gewinn an die Aktionäre ausgeschüttet werden kann, einigt sich die Unternehmensleitung auf einen Prozentsatz des Gewinns, der an die Investoren ausgeschüttet werden soll, und auf einen Prozentsatz, der in die Aktien des Unternehmens reinvestiert werden soll; diese Entscheidung der Unternehmensleitung ist jedoch nur ein Vorschlag, da sie vom Verwaltungsrat bestätigt werden muss. Nach diesem Verfahren wird erwartet, dass das Unternehmen den Dividendensatz bekannt gibt, und die Auszahlung erfolgt an die Aktionäre.

Es ist wichtig zu wissen, dass Dividendeninvestitionen für verschiedene Personengruppen geeignet sind. Auch wenn einige Leute behaupten, dass Dividendeninvestitionen nur für Rentner geeignet sind, entspricht dies nicht der Wahrheit über diese Anlagemöglichkeit.

Arten von Ausschüttungen

Bei regulären Anlagen hat der Anleger keinen Anspruch auf einen prozentualen Anteil am Gewinn; bei Dividendenanlagen hingegen wird erwartet, dass der Anleger oder Aktionär einen bestimmten Anteil des investierten Kapitals erhält. Außerdem ist diese Zahlung nicht auf ein bestimmtes Modell beschränkt; es muss nicht nur eine Barzahlung sein. Ein Unternehmen kann einen Investor mit Bargeld, Vermögenswerten oder einer Option auf Wiederanlage bezahlen. Die Wahl des Zahlungsmodells ist dem Anleger überlassen, oder nicht, wenn die Art der Zahlung oder des Gewinns in der Börsennotierung eindeutig festgelegt wurde. Gesellschaften oder Unternehmen können ihren Anlegern eine der nachstehend beschriebenen Optionen anbieten:

- Auszahlung in bar: Die bekannteste Form der Dividendenausschüttung ist die Barausschüttung. Diese Gesellschaften oder Unternehmen zahlen die Zins- oder Dividendenerträge des Anlegers mit Geld aus. Bei der Barausschüttung werden Barmittel oder Gelder vom Konto des Unternehmens auf das Konto des Anlegers überwiesen und ausgezahlt; dies bestätigt nicht die Vorstellung, dass Geld nur per Überweisung an den Anleger ausgezahlt werden kann. In einigen Fällen wird der Gewinn der Aktie oder der Anlage in bar ausgezahlt.

- Bezahlung mit Aktien: Aktien sind der gesamte Geldbetrag oder die gesamten Einnahmen, die ein Unternehmen aus den von Investoren oder Aktionären gekauften Aktien erzielt hat. Wie zahlt man also den Aktionären den Gewinn mit Aktien aus? Diese spezielle Zahlung erfolgt durch Reinvestition des Gewinns in den Kauf weiterer Aktien des Unternehmens. Dies geschieht meist in Unternehmen, die den Anlegern die Möglichkeit eines Dividenden-Wiederanlageplans (DRIP) bieten. Anstatt ihren Gewinn in Bargeld umzuwandeln und auf ihr Konto zu überweisen, wird der Gewinn in den Kauf weiterer Aktien investiert und erhöht so den Gewinn, den sie letztendlich aus ihrer ursprünglichen Investition erhalten würden.

- Bezahlung durch Vermögenswerte: In manchen Fällen sind die Anteilseigner nicht daran interessiert, Bargeld oder mehr Aktien als Gewinn zu erhalten, insbesondere bei Unternehmen, die einen Rückgang ihres Gesamtgewinns verzeichnen. Möglicherweise sind sie aus diesem Grund nicht einmal in der Lage, in bar zu zahlen. Durch die Möglichkeit der Zahlung mit Vermögenswerten ist kein Unternehmen auf die Zahlung mit Bargeld und Aktien allein beschränkt. Ein Unternehmen kann auch mit Vermögenswerten wie Immobilien und Wertpapieren zahlen.

- In einigen sehr ungewöhnlichen Situationen kann ein Unternehmen beschließen, eine "Sonderdividende" zu zahlen. Die Sonderdividende ist die Art von Gewinn, die außerhalb des regulären Zahlungsvertrags gezahlt wird (der reguläre Zahlungsvertrag könnte sich auf jährliche oder vierteljährliche Zahlungen beziehen). Der "besondere" Betrag ist in der Regel das Ergebnis einer zusätzlichen Steigerung des Gesamtgewinns des Unternehmens oder Geschäfts.

- Je nach dem Unternehmen, in das investiert wird, gibt es auch andere Formen der Auszahlung; ein Anleger kann mit Aktien eines neuen Unternehmens bezahlt werden, das von dem ursprünglich investierten Unternehmen gegründet wurde.

Schritte zum Investieren in Dividendenaktien

Wie stellen Sie sicher, dass Sie den richtigen Prozess für eine Investition durchlaufen haben? Welche Auswirkungen haben Dividendeninvestitionen auf Ihren finanziellen Status? Was ist der Zusammenhang zwischen finanzieller Freiheit und Dividendeninvestitionen? Dies sind nur einige der Fragen, die in diesem Abschnitt behandelt werden.

- Forschung: In jedem Finanzbereich ist Forschung unerlässlich, um sicherzustellen, dass eine Person in ein Ziel investiert; Gewinn, nicht Verlust. Um sicherzustellen, dass Sie in eine zuverlässige Kooperation investieren, die einen Gewinn an die Aktionäre ausschüttet, ist es wichtig, ein Unternehmen mit hochwertigen Produkten und ein großes Unternehmen mit finanzieller Stabilität zu finden. Bei diesen Unternehmen ist die Wahrscheinlichkeit, dass sie Dividenden ausschütten, am größten, da sie bereits über einen stabilen Finanzstatus und Kapital verfügen, um Probleme in der Wirtschaft zu bewältigen, die sich auf den Gewinn, den Fortschritt und die Finanzen des gesamten Unternehmens auswirken könnten. Sie haben genügend Erfahrung, um die richtigen Verfahren und Techniken zu verstehen, die eingesetzt werden sollten. Außerdem sind die großen, erfolgreichen Unternehmen die besten Investoren, weil sie andere Methoden zur Maximierung des Aktionärsvermögens kennen und anwenden. So sind beispielsweise Unternehmen aus dem Pharmasektor, der Öl- und Gasindustrie und Banken dafür bekannt, dass sie stabile Dividenden ausschütten, da die Menschen immer an Gesundheitsprodukten und Finanzdienstleistungen interessiert sind und diese benötigen. Am besten beginnen Sie Ihre Nachforschungen mit der Erstellung einer Liste oder der Identifizierung von Unternehmen oder Kooperationen, die einen stabilen Finanzstatus zu haben scheinen oder über die berichtet wurde. Danach ist es ratsam, die Kooperationen zu markieren, die Sie für den Kauf von Aktien interessieren. Vergewissern Sie sich auch, dass Sie über genügend Mittel verfügen, um in ein solches Unternehmen zu investieren und Aktionär zu werden, denn ein großer Teil der Aktionärstätigkeit besteht darin, Mittel zu investieren, die dazu beitragen, die Finanzlage eines Unternehmens oder einer Kooperation aufzubauen oder zu unterstützen.

- Studieren Sie den Börsenkurs: Der Börsenkurs ist die Zusammenfassung der Informationen über ein Unternehmen, die eine Person kennen sollte, bevor sie investiert. Wenn Sie also unsicher sind, wie ein Unternehmen zur Zahlung von Dividenden steht, oder wenn Sie sich über die verfügbaren Optionen für Dividendenzahlungen informieren möchten, sollten Sie die Aktienkurse studieren, um sich mit der Dividendenpolitik der einzelnen Unternehmen vertraut zu machen.

- Kauf der Aktien: Wenn Sie erfolgreich recherchiert und das Unternehmen oder den Betrieb identifiziert haben, in den Sie investieren möchten. Der nächste sinnvolle Schritt ist der Kauf der Aktien. Dies können Sie persönlich bei dem Unternehmen tun oder über einen Makler. Ein Makler ist ein Vermittler zwischen einem Käufer und einem Verkäufer; in diesem Fall fungiert er also als Vermittler zwischen Ihnen und der Geschäftsführung des von Ihnen ausgewählten Unternehmens. Allerdings bieten nicht alle Unternehmen die Möglichkeit, Aktien direkt über das Unternehmen zu kaufen; bei einigen ist der Kauf über eine Maklerfirma oder ein Institut erforderlich. Einige Unternehmen verlangen sogar eine Mindestinvestition zwischen 25 und 500 Dollar, wenn eine Person Aktien direkt über das Unternehmen kaufen möchte oder darauf besteht. Um dies zu vermeiden, muss man sich bei einem Maklerunternehmen registrieren lassen, oder wenn das Unternehmen die Möglichkeit des direkten Aktienkaufs nicht anbietet, muss man sich trotzdem registrieren lassen. Einige Maklerinstitute oder -firmen sind Ally Investment, eTrade und TD Ameritrade.
- Abonnieren Sie den DRIP (Dividend Reinvestment Plan): Bei der Dividendenanlage haben Sie zwei Möglichkeiten, Ihren Gewinn zu erhalten: eine Barauszahlung auf Ihr Bankkonto oder die Wiederanlage. Um den Erhalt der finanziellen Freiheit und Unabhängigkeit zu gewährleisten, ist es wichtig, am DRIP teilzunehmen oder registriert zu sein. Bei diesem

Plan handelt es sich um einen automatischen Investitionsplan, der sicherstellt, dass Gewinne, die in Bargeld umgewandelt und auf Ihr Konto überwiesen werden könnten, in weitere Aktien reinvestiert werden. Es ist sehr ratsam, sich für den DRIP anzumelden, um sicherzustellen, dass die Finanzen des Einzelnen mit den Unternehmen wachsen. Um sich für diese Reinvestitionsoption anzumelden, muss man sich an seinen Makler wenden, sofern dieser registriert ist.

- Behalten Sie Ihre Dividenden im Auge: Die Unternehmen sind nicht verpflichtet, die Aktionäre zu bezahlen. Es handelt sich um eine Wahlmöglichkeit und nicht um eine Verpflichtung. Das bedeutet, dass Unternehmen oder Betriebe jederzeit beschließen können, ihre Dividenden zu streichen, zu erhöhen oder zu kürzen. Wenn Sie also stets über die Veränderungen und Fortschritte bei Ihren Dividenden informiert sind, indem Sie Ihr Maklerkonto verfolgen, können Sie feststellen, ob der Prozentsatz der Gewinne unter die Norm gefallen ist, und entscheiden, wann der ideale Zeitpunkt für den Verkauf Ihrer Aktien oder Anteile ist.

Vorteile von Dividendeninvestitionen

Nachdem die notwendigen Verfahren für Dividendeninvestitionen eingehalten wurden, muss sichergestellt werden, dass der Einzelne eine vernünftige Strategie verfolgt, um das Wachstum der Aktie zu gewährleisten. Es ist wichtig, die Investitionen über verschiedene Sektoren oder Unternehmen zu streuen, wenn dies möglich ist. Auf diese Weise wird sichergestellt, dass die Investition einer Person nicht von einer einzigen Branche abhängt, die bei finanziellen Schwankungen des Unternehmens oder eines bestimmten Unternehmenssektors einen Absturz oder Unfall verursacht. Ebenso ist es ratsam, in Unternehmen oder Betriebe in der ganzen Welt zu investieren, um nicht von einer bestimmten Regierung abhängig zu sein. So können Sie von verschiedenen Unternehmen profitieren und sind nicht von einer bestimmten Regierung abhängig. Die Investition in Dividendenanlagen hat verschiedene Vorteile;

- Er dient als ständiges Mittel für ein passives Einkommen: Wie im vorherigen Kapitel dieses Buches dargelegt, ist das passive Einkommen für Ihren finanziellen Status im Leben von großer Bedeutung. In einigen Fällen ist es notwendig, einen Nebenjob zu haben, der ein passives Einkommen bietet, um finanzielle Freiheit zu erlangen. In dieser Situation ist das Investieren in Dividenden eine vorteilhafte Art, passives Einkommen zu erzielen. Bei dieser besonderen Form muss man eine beträchtliche Summe Geld investieren, um Aktionär zu werden, und hat Anspruch auf Einkommen oder Gewinn, solange man Aktionär bleibt. Dieses spezielle Beispiel für passives Einkommen ist besonders attraktiv für Rentner oder Menschen, die kurz vor dem Ruhestand stehen; es stellt sicher, dass der Rentner keine besondere Rolle im Unternehmen spielt und er nicht so viel Energie aufwenden muss, um sein Einkommen zu erzielen.

- Beibehaltung des Eigentums: In manchen Situationen kann eine Investition frustrierend sein, vor allem, wenn Sie in ein Unternehmen investiert haben, das keine Dividenden ausschüttet, weil Ihr gesamter Gewinn an Aktien gebunden ist. Die einzige Möglichkeit, an diesen Gewinn heranzukommen, besteht also darin, Ihre Aktien zu verkaufen, wodurch Sie Ihren Anteil an den Aktien des Unternehmens einbüßen. Dies ist bei der Anlage in Dividendenaktien nicht der Fall. Bei der Anlage in Dividendenaktien haben Sie die Möglichkeit, Ihren prozentualen Anteil an den Aktien als Aktionär zu behalten, während Sie den Gewinn aus den eigenen Aktien erzielen.

- Erheblicher Gewinn: Im Gegensatz zu anderen Anlageformen ist bei Dividendeninvestitionen ein höherer Gewinn oder Prozentsatz möglich. Wenn Sie beispielsweise einen bestimmten Anteil an Aktien eines

Unternehmens kaufen, das seinen Aktionären keinen Gewinn ausschüttet, kaufen Sie genau diese Anzahl von Aktien. Bei der Dividendenanlage haben Sie jedoch die Möglichkeit, den Gewinn Ihrer Aktien entweder zu reinvestieren, um weitere Aktien zu kaufen, oder ihn auf Ihr Konto zu überweisen. Es ist nicht erforderlich, dass Sie Geld von Ihrem Konto abheben, um mehr Aktien zu kaufen, wenn Sie den Gewinn aus Ihren aktuellen Aktien einfach reinvestieren können, um mehr zu kaufen.

Die Zahlung von Dividenden scheint ein Verlust für das Unternehmen oder den Betrieb zu sein, der den Gewinn der Aktien an die Anleger auszahlt. Warum also machen diese Unternehmen von der Möglichkeit der Dividendenausschüttung Gebrauch, wenn es für sie weder ein Zwang noch eine Frage der Rechtmäßigkeit ist? Es gibt keinen Grund, der allgemein auf alle Unternehmen anwendbar ist und als Grund dafür angesehen werden kann. Allerdings hat jedes Unternehmen ein Recht, das seiner Situation eigen ist.

Dividenden tragen dazu bei, das Vertrauen zu erhalten, obwohl die Unternehmen nicht für den Gewinn der Aktien zahlen müssen. Sie beschließen, dies zu tun, um die Erwartungen und Wünsche der Anleger zu erfüllen. Ein Unternehmen, das solide und beständige Dividenden zahlt, zieht mit größerer Wahrscheinlichkeit eine größere Anzahl investitionsbereiter Anleger an als ein Unternehmen, das den Wünschen der

Öffentlichkeit nicht nachkommt. Die Ausschüttung von Dividenden an die Anleger vermittelt ein positives finanzielles Image und einen positiven Status des Unternehmens. Dividenden helfen, Investoren oder Aktionäre anzuziehen. Ein neu gegründetes Unternehmen, das einen beträchtlichen Anteil an Qualitätsprodukten herstellen kann, aber nicht über genügend Kapital oder Investoren verfügt, um seine Gründung zu unterstützen, kann eine hohe Dividende ausschütten. Diese Erklärung trägt dazu bei, potenzielle Investoren dazu zu bewegen, die Gewinne zu prüfen, die sie erzielen könnten, wenn sie sich für eine Investition in ein bestimmtes Geschäft oder Unternehmen entscheiden. Das Interesse potenzieller Investoren kann dazu beitragen, den Aktienwert eines solchen Unternehmens zu steigern. Daher brauchen die Unternehmen in den meisten Fällen die Hilfe der Investoren, um ihr Geschäft zu steigern, und diese Investoren brauchen die Unternehmen, um ihr Kapital oder Geld zu vermehren, indem sie ihnen die Möglichkeit bieten, in ihre Aktien zu investieren. Außerdem tragen Dividenden dazu bei, die Auswirkungen finanzieller Schwankungen oder einer Behinderung des Aktienmarktes auf die Anleger zu verringern, wodurch sich das Verlustrisiko verringert.

Wie sichern Dividendeninvestitionen die finanzielle Freiheit?

Die Hauptidee dieses Buches ist es, den Menschen zu helfen, einen finanziell freien Zustand zu erreichen. Nachdem wir also die Disziplin des Dividendeninvestierens erörtert und verstanden haben, stellt sich die Frage, wie dieses besondere Merkmal zur Erreichung der finanziellen Freiheit beiträgt.

Dividendeninvestitionen tragen zum Wachstum und zur Erweiterung des finanziellen Status bei. Das zusätzliche Einkommen, das aus den von den Aktionären investierten Erträgen erzielt wird, trägt zu einer Ausweitung der Gewinne bei. Wenn Sie sich für Dividendeninvestitionen entscheiden, können Sie aufgrund des beträchtlichen Gewinn- oder Zinswachstums im Laufe der Zeit einen unabhängigen Finanzstatus aufbauen. Im Gegensatz zu Aktien, die in den meisten Situationen keinen stabilen finanziellen Status haben und keinen Gewinn garantieren, bieten Dividendenaktien einen Teilgewinn auf das investierte Kapital.

Zusammenfassend lässt sich sagen, dass neben der im vorangegangenen Kapitel erläuterten Idee der Mietimmobilien die Dividendenanlage eine weitere stabile Möglichkeit ist, finanzielle Freiheit und Unabhängigkeit zu erreichen. Sie ist sehr zuverlässig, weil sie den Teilnehmern die Möglichkeit gibt, ihre Aktien zu verkaufen, wenn die Dividende eines bestimmten

Unternehmens sinkt oder wenn es nach Ansicht des Anlegers keine nachhaltigen Gewinne mehr erzielt.

KAPITEL FÜNF

Aktienanlagen

An dieser Stelle haben Sie sich mit dem Thema Lagerbestände vertraut gemacht. Wenn Sie jedoch die Definition von Aktien in den vorherigen Kapiteln übersprungen haben, ist dies eine weitere Gelegenheit, sich mit dem Thema Aktien vertraut zu machen. Im Gegensatz zu den vorangegangenen Kapiteln werden hier das Thema, die Vorteile, die Schritte und die Strategie der Aktienanlage zur Erzielung eines stabilen und bedeutenden Gewinns erörtert.

Was ist Aktieninvestment?

Der Begriff Aktie bezieht sich auf den prozentualen Anteil an Aktien, der einer bestimmten Person zugewiesen wird, die einen erheblichen Teil ihres Geldes investiert hat, um Aktionär oder Investor eines bestimmten Unternehmens zu werden. Diese Investoren kaufen Aktien oder Anteile an einem Unternehmen, von dem sie glauben, dass es durch eine Wertsteigerung ihres Produkts und ihrer Aktien zu ihrer finanziellen Situation beitragen würde. Eine Aktie ist eine Art Investition in das Eigentum eines Unternehmens; sie gibt Ihnen einen Prozentsatz der Eigentumsrechte an einem Unternehmen. Zum besseren Verständnis: Aktieninvestitionen sind der Erwerb von Aktien oder eines Anteils an einem Unternehmen, um einen finanziellen Status aufrechtzuerhalten oder im Falle von Unternehmen, die Dividenden ausschütten, einen erheblichen Gewinn zu erzielen. Abgesehen von der Verbesserung der wirtschaftlichen Lage des Anlegers, was haben Unternehmen von der Investition in Aktien? Warum sollte ein Unternehmen sein Eigentumsrecht mit einer Einzelperson teilen wollen, indem es ihr erlaubt, in ihr Geschäft oder Unternehmen zu investieren? Hierfür gibt es viele Gründe. Die geeignetste Antwort ist jedoch die Notwendigkeit, den Gewinn von Produkten zu vervielfachen und Kapital für die Gründung ihres Geschäfts oder Unternehmens zu beschaffen sowie ein konstantes Niveau an Mitteln für den Betrieb ihres Unternehmens sicherzustellen. Jede Person, die einen bestimmten Prozentsatz an Aktien besitzt, wird als Investor oder Aktionär bezeichnet; eine Person, die diese Position innehat, hat Anspruch auf einen wesentlichen Anteil an den Gewinnen, die mit den Produkten eines solchen Unternehmens erzielt werden. Wenn beispielsweise eine Person 200 Aktien eines Unternehmens kauft, das insgesamt 1000 Aktien besitzt, hat sie Anspruch auf 20 % des Gewinns dieses Unternehmens. Daher kann ein Aktionär oder Investor nicht als alleiniger Eigentümer eines Unternehmens angesehen werden; er besitzt nur einen prozentualen Anteil an dem Unternehmen, den seine Aktien abdecken. Wie sollen dann die Aktien verkauft werden? Die Unternehmen der Öffentlichkeit übermitteln die Botschaft ihres Verkaufswunsches über die Börsen, und dieser Verkauf wird auf solchen Plattformen bestätigt, auf die er sich bezieht; ein Beispiel für eine Börsenplattform ist die New Yorker Börse. In diesem Kapitel werden die Dinge erläutert, die jeder, der sich für Aktienanlagen interessiert, verstehen und als Grundlagen betrachten sollte. Es ist wichtig, die Grundlagen der Aktienanlage zu verstehen, da sie als Leitfaden dienen, um den Erfolg einer individuellen Erfahrung an der Börse zu gewährleisten. Wie in der Finanzwelt üblich, ist nichts beständig, und es gibt ständige Schwankungen und Rückgänge in allen Bereichen, die Aktieninvestitionen betreffen; daher sind die in diesem Kapitel behandelten Grundlagen der Aktieninvestitionen so wichtig. Sie sollen sicherstellen, dass Sie mit den richtigen Ideen und Meinungen ausgestattet sind, die Ihnen bei der Bewältigung jedes Problems oder Themas der Aktienanlage helfen. Zu den vielen Grundsätzen, die in diesem Kapitel vorgestellt werden, gehört die Notwendigkeit, dafür zu sorgen, dass Ihre Investition gut gestreut ist. Es gibt keine Regel, die Sie bei Ihren Investitionen auf ein bestimmtes Unternehmen beschränkt oder einschränkt. Daher ist es wichtig, die Anzahl der Unternehmen, in die Sie investieren, zu erhöhen und zu erweitern, um die Auswirkungen und Misserfolge auf Ihre Finanzen abzufedern. Wenn zum Beispiel A sein gesamtes Geld in Unternehmen Z investiert und B sein gesamtes Geld in Unternehmen Y und einige andere Unternehmen investiert, wobei er die investierten Mittel teilt. B wäre nicht so stark betroffen wie A, der sein gesamtes Geld auf ein bestimmtes

Unternehmen konzentriert hat, was zu einem Zusammenbruch führen würde, wenn der Gewinn von Unternehmen Z zurückgeht oder wenn dieses Unternehmen in Konkurs geht. Nachdem wir die Bedeutung und die Notwendigkeit von Aktienanlagen dargelegt haben, stellt sich die Frage, wie man mit Aktienanlagen Geld verdienen kann.

Wie man in Aktien investiert

Obwohl viele Menschen behaupten, dass sie sich sehr für das Thema Aktienanlagen interessieren. Sie sind jedoch nicht in der Lage, diese Wünsche in die Tat umzusetzen, weil ihnen das Wissen fehlt, um die notwendigen Schritte zu unternehmen, um diese Wünsche zu verwirklichen; der Wunsch ist "Aktieninvestitionen". Daher ist es wichtig, die richtigen Schritte aufzuzeigen und zu definieren, um sicherzustellen, dass Sie mit den richtigen Verfahren für Aktieninvestitionen vertraut sind.

Bestimmen Sie die Art des Kaufs: Bei Aktieninvestitionen haben Sie die Möglichkeit, Ihre Aktien oder Anteile entweder über das Unternehmen/die Maklerfirma oder als Einzelperson zu erwerben. Jede dieser Optionen hat einzigartige Merkmale und Möglichkeiten; daher müssen Sie die Option ermitteln, die am besten für Ihre Bedingungen geeignet ist. Nicht jedes Unternehmen bietet den Einzelkauf an; die Unternehmen, die dies anbieten, verlangen jedoch in einigen Fällen eine Mindestanlage zwischen 25 und 100 $. Daher ist es ratsam, sich bei einer Maklergesellschaft anzumelden und ein Maklerkonto zu eröffnen. Die Eröffnung eines Maklerkontos ist vergleichbar mit der einfachen Eröffnung eines Kontoauszugs bei der Bank. Der Prozentsatz, den die Maklerfirma auf Ihren Gewinn oder Wert erhebt, ist nicht festgelegt, weshalb es wichtig ist, alle möglichen Optionen in Betracht zu ziehen.

Grundprinzipien der Aktienanlage

Um sicherzustellen, dass Ihre Reise in Richtung finanzielle Freiheit reibungslos verläuft, ist es wichtig, einige Grundprinzipien des Aktienmarktes aufzuzeigen und zu definieren. Außerdem werden Sie mit der Dynamik des Aktienmarktes, seinen Verfahren und Funktionen vertraut gemacht und erfahren, wie Sie einige der Situationen meistern können, in die Sie als Anleger an der Börse geraten könnten.

Bei Aktieninvestitionen muss sich jeder Aktionär darüber im Klaren sein, dass er nur einen prozentualen Anteil an den Aktien besitzt, aus denen sich das Unternehmen zusammensetzt; er hat keinen Anspruch auf die Vermögenswerte, die sich im Besitz der Kooperation, des Unternehmens oder der Firma befinden. Daher kann man als Investor oder Aktionär nicht behaupten, Eigentümer des gesamten Unternehmens zu sein. Ein Investor oder Anteilseigner kann keine Entscheidungen treffen, die sich auf das Unternehmen auswirken oder es betreffen, weder allein noch subjektiv. Daher kann ein Aktionär das Unternehmen nicht mit vertraulichen Dokumenten verlassen, ohne die erforderliche Genehmigung zu haben, auch nicht mit der Behauptung oder Meinung, eine Aktion durchzuführen, die dem Unternehmen zugute kommt, da das Unternehmen Eigentümer der Materialien ist, nicht der Aktionär; das Dokument ist im Namen des Unternehmens. Dies ist als Grundsatz der Trennung von Eigentum und Kontrolle bekannt.

Darüber hinaus gibt Ihnen der Besitz von Aktien eines bestimmten Unternehmens das Recht und die Möglichkeit, bei Aktionärsversammlungen über Fragen abzustimmen, die die Finanzen und das Wohlergehen des Unternehmens betreffen. Es gibt Ihnen das Recht, einen Prozentsatz der Unternehmensgewinne zu erhalten, was als Dividende bezeichnet wird, wenn es ein Merkmal des Unternehmens in seinem Aktienkurs ist. Dieses Prinzip gibt Ihnen auch die Möglichkeit oder Freiheit, persönliche Aktien jederzeit und an jede Person Ihrer Wahl zu verkaufen. Das Problem, keine Entscheidungen für das Unternehmen oder die Zusammenarbeit treffen zu können, wird von den meisten Aktionären als unproblematisch angesehen, sofern sie mit dem richtigen Prozentsatz am Gewinn des Unternehmens beteiligt werden. Wünscht ein Investor also eine höhere Gewinnrate im Vergleich zu dem, was er erworben hat, muss er den Prozentsatz der erworbenen Anteile an diesem Unternehmen erhöhen.

Einzelpersonen, die einen höheren Prozentsatz an Aktien oder Anteilen als die meisten Menschen besitzen, haben im Vergleich zu anderen Aktionären, die weniger besitzen, ein höheres Maß an Kontrolle und Stimmrecht im Unternehmen. Die Autorität oder Macht, die Ihre Stimme mit sich bringt, hängt von dem Ihnen zugewiesenen Prozentsatz an Aktien ab. Einzelpersonen, die einen großen Teil der Aktien des Unternehmens besitzen, haben auch das Recht, die Personen auszuwählen, die den

Vorstand des Unternehmens bilden; diese Verpflichtung wird besonders deutlich, wenn ein Unternehmen ein anderes Unternehmen aufkauft. In diesem Fall kauft man nicht nur einen Prozentsatz der Aktien, sondern das neue Management ist Eigentümer des gesamten Unternehmens. Daher steht es der neuen Leitung frei, eine neue Liga des Verwaltungsrats zu wählen. Der neu gewählte Vorstand hat die Aufgabe, neue Führungskräfte oder Fachleute zu wählen, die eine Steigerung des Wertes und des Gewinns der Zusammenarbeit gewährleisten. Zu den neu gewählten Führungskräften gehören in der Regel Manager und Chief Executive Officers (CEOs).

Bei der Anlage in Aktien stehen jedem Anleger zwei wichtige Aktienarten oder -optionen zur Verfügung: Stammaktien und Vorzugsaktien. Daher muss jeder Anleger die Art der Aktie wählen, in die er investieren möchte. Bevor diese Wahl jedoch getroffen werden kann, die mit Bedacht und Sorgfalt getroffen werden sollte, muss der Anleger die Bestimmungen der einzelnen Aktienarten verstehen. Diese Unterteilungen werden im Folgenden erörtert:

- Stammaktien: Wenn von Aktien die Rede ist, geht es in der Regel um Stammaktien. Diese besondere Art der Aktienanlage gibt dem Anleger oder Aktionär das Recht oder die Möglichkeit, auf Aktionärsversammlungen über Fragen abzustimmen, die das Unternehmen betreffen. Personen, die in diese Art von Aktien investiert haben, sind berechtigt,

Dividenden für ihre Investition zu erhalten, wenn sie in ein Unternehmen investiert haben, das Investoren auszahlt. Außerdem sind die Anleger dieser Kategorie berechtigt, den Vorstand zu wählen. In der Hierarchie der Prioritäten und im Falle einer unausgewogenen Finanzlage eines Unternehmens stehen die Anleger von Stammaktien jedoch an letzter Stelle. Im Falle einer Liquidation haben die Stammaktionäre nur Anspruch auf die verbleibenden Vermögenswerte oder Gewinne, nachdem die Anleihe- oder Vorzugsaktionäre ihren Anteil an den Gewinnen und Vermögenswerten erhalten haben; dieser besondere Grundsatz der Stammaktien kann als Risiko für die Anleger angesehen werden.

- Vorzugsaktien: Die Aufteilung der Vorzugsaktien bietet den Personen, die sich für eine Investition in diese Art von Aktien entschieden haben, kein Stimmrecht. Diese Anleger haben jedoch einen Vorteil an Rechten oder Ansprüchen auf Vermögenswerte und Gewinne des Unternehmens im Vergleich zu den Aktionären der Kategorie Stammaktien. Sie erhalten ihre Dividenden vor allen anderen Aktionärsgruppen und haben im Falle eines Konkurses des Unternehmens mehr Vorrang als die Stammaktionäre. Sie haben ein vorrangiges Recht auf die Zuteilung von Dividenden. Diese Gruppe hat jedoch nur begrenzte Befugnisse, wenn es darum geht, in einer

Aktionärsversammlung abzustimmen oder in Fragen, die das Wohlergehen des Unternehmens betreffen. Ihr Recht auf das Vermögen und die Gewinne des Unternehmens im Falle einer Liquidation ist nach dem der Anleihegläubiger und höher als das der Stammaktionäre. Ein Unternehmen gilt jedoch nicht als zahlungsunfähig, wenn es nicht in der Lage ist, den Vorzugsaktionären Dividenden zu zahlen, wie es bei den Anleihegläubigern der Fall ist. Der Kauf von Vorzugsaktien wird in der Regel über Börsenmakler abgewickelt.

Der wesentliche Unterschied zwischen Vorzugsaktionären und Stammaktionären besteht in der Art und Weise, wie bei der Ausschüttung von Dividenden im Falle eines Zusammenbruchs der Finanzlage oder eines Unternehmens in Schwierigkeiten vorgegangen wird. Im Falle eines liquidierten oder wirtschaftlich angeschlagenen Unternehmens erhalten die Vorzugsaktionäre ihre Dividenden, bevor diese an die Stammaktionäre ausgezahlt werden können.

Modi zur Erzielung von Gewinnen auf dem Aktienmarkt

Aktieninvestitionen sind mit mehr Risiken behaftet als jede andere Anlageform. Daher ist es notwendig, sich mit dem Verfahren und den Schritten vertraut zu machen, die sicherstellen, dass die Entscheidungen für Aktieninvestitionen sorgfältig getroffen werden, um eine angemessene finanzielle Position zu erlangen, insbesondere den Status der finanziellen Freiheit. Wie wird nach dem gesamten Prozess der Investition Geld geschaffen? In welcher Form wird der Gewinn aus dem Geld oder der Zeit, die in die Aktien eines Unternehmens investiert wurde, erzielt? Die Erträge aus den von einem Anleger investierten Aktien werden in erster Linie durch zwei Formen erzielt: den Wiederverkauf von Aktien und Dividenden.

Der Weiterverkauf von Aktien: nachdem ein bestimmter Prozentsatz der Aktien auf Ihren Namen zugeteilt wurde; bei Unternehmen, die keine Dividenden zahlen (Dividenden sind der Prozentsatz der Erträge Ihrer Aktien, den die Unternehmensleitung an einen Anleger ausschüttet). Es ist nicht zwingend erforderlich, dass Sie Eigentümer dieses bestimmten Prozentsatzes an Aktien sind. Wenn Ihnen das Unternehmen oder der Betrieb nicht mehr zusagt, können Sie beschließen, Ihre Aktien oder Anteile an einen anderen Anleger oder eine Einzelperson zu verkaufen, die keine Verbindung oder Beziehung zu dem betreffenden Unternehmen hat. Der Verkauf von Aktien ist daher ein wichtiges Mittel, um sicherzustellen, dass kein Kapitalverlust entsteht, da Sie die Möglichkeit haben, Ihre Anteile an einem Unternehmen zu verkaufen, wenn Sie eine Fluktuation in den Finanzen oder in der Wirtschaft des Unternehmens wahrnehmen.

Die zweite zuverlässige und wichtige Form der Gewinnerzielung sind Dividenden. Bei Dividenden handelt es sich um Zahlungen oder Zuwendungen, die Aktionäre auf der Grundlage ihres prozentualen Anteils an dem Unternehmen oder der Firma, an dem/der sie einen Anteil halten, erhalten. Dies sollte als regelmäßige Zahlung eines Aktionärs oder Anlegers eines Unternehmens angesehen werden, was jedoch nicht bei jedem Unternehmen der Fall ist. Als Anleger haben Sie keinen Anspruch auf einen Anteil an der Dividende, es sei denn, eine Kooperation beschließt, ihn zu gewähren; daher zahlen nicht alle Unternehmen den Gewinn auf Aktien aus. Wenn Sie jedoch in ein Unternehmen investiert haben, das keine Dividenden ausschüttet, haben Sie die Möglichkeit, Ihre Gewinne zu reinvestieren, wenn Sie nicht beabsichtigen, Ihre Anteile zu verkaufen. Sie können die erzielten Gewinne in das Unternehmen reinvestieren, das Ihnen den Vorteil verschafft hat.

Daher ist die erste Option, einen Gewinn aus Aktienanlagen zu erzielen, sehr zuverlässig, da der Einzelne den Gewinn kontrolliert. Im Falle von Dividenden, die von Unternehmen oder Betrieben ausgeschüttet werden, kann die Unternehmensleitung jederzeit beschließen, die Dividendenzahlung einzustellen, wenn dies ihrer finanziellen Lage nicht entspricht. Sie können auch beschließen, die gezahlten Dividenden zu erhöhen oder zu senken; es gibt keinen festen Prozentsatz des Gewinns für Unternehmen, die sich für die Zahlung entscheiden.

Vorteile von Aktienanlagen

Nach der Erläuterung der verschiedenen Schritte und Verfahren, die bei einer Aktienanlage zum Tragen kommen, haben Sie vielleicht immer noch Bedenken oder Zweifel an den Vorteilen, die diese spezielle Anlage zu bieten hat. Die Investition in den Aktienmarkt bietet jedoch eine Vielzahl von vorteilhaften Gründen und Vorteilen. Im Folgenden werden einige vorteilhafte Gründe genannt, die für jeden Einzelnen sprechen, in den Aktienmarkt zu investieren:

- Diversifizierung der Mittel: Die Aktienmärkte bieten eine Vielzahl von Kategorien oder Optionen für Anleger. Sie ermöglichen daher die Diversifizierung von Geldern in verschiedene Konten oder Unternehmen, so dass jeder Einzelne je nach Unternehmen und investiertem Prozentsatz unterschiedliche Erträge erzielen kann. Durch die Diversifizierung, die der allgemeine Aktienmarkt bietet, kann jeder Einzelne einen Totalverlust seines Kapitals verhindern, indem er in verschiedene Konten oder Unternehmen investiert, die der Aktienmarkt bietet. Abgesehen von der Diversifizierung der Gelder bietet der Aktienmarkt auch die Möglichkeit der Diversifizierung der Vermögenswerte. Einige Unternehmen geben ihren Anlegern oder Aktionären Vermögenswerte aus. Wenn Sie sich als Anleger eines solchen Unternehmens identifizieren, haben Sie Zugang zu diesen Vermögenswerten und können sicherstellen, dass Ihr

Vermögen nicht auf ein bestimmtes Thema oder Gebiet ausgerichtet ist.

- Leichter Zugang: Viele Menschen sind mehr an Ideen interessiert, die leicht zugänglich sind, als an solchen, die sich als schwierig erweisen. Die zugänglichste Art des Zugangs in dieser Zeit ist die Technologie, Aktienmärkte und Aktien können durch das Internet angesprochen und erhalten werden, dies ist aufgrund der technologischen Innovationen, die im Laufe der Jahre in Kraft gesetzt wurden. Der Zugang zu Aktien ist mit Hilfe von Maklerkonten oder -firmen leicht möglich. Dazu müssen Sie eine Maklerfirma finden und die von Ihnen benötigten Informationen eingeben. Mit diesen Angaben sind Sie bereit, Aktionär oder Investor eines Unternehmens zu werden, das Ihre Dienste benötigt.

- Möglichkeit, in kleinere Konten zu investieren: Einige Personen sind nicht an der Anlage von Geldern interessiert, weil sie glauben, dass ihre Gelder einen Verlust erleiden würden. Die Investition in den Aktienmarkt bietet Ihnen die Möglichkeit, eine kleine Anzahl von Geldern zu investieren und nicht Ihr gesamtes Kapital. Dies wird durch die Einrichtung eines systematischen Investitionsplans (SIP) erreicht.

- Interkontinentale Investitionen: Es ist wichtig zu erwähnen, dass Aktieninvestitionen nicht auf ein bestimmtes Land beschränkt sind. Sie haben die Möglichkeit und Option, in Unternehmen und Gesellschaften innerhalb und außerhalb Ihres Landes zu investieren. Die Aussicht auf interkontinentale Anlagen ist eng mit dem Vorteil der Diversifizierung verbunden. Sie erzielen also Gewinne in Fonds oder Konten, die sich von dem Land, in dem Sie leben, unterscheiden. Außerdem hilft es, in diesen Ländern Vermögenswerte zu erwerben.

- Partnerschaft: In manchen Situationen ist es Einzelpersonen aus verschiedenen Gründen nicht erlaubt, sich an der Aufgabe oder Arbeit zu beteiligen, die sie wirklich wünschen. Die Option der Aktieninvestition ermöglicht es, in Unternehmen zu investieren oder Partnerschaften mit Unternehmen einzugehen, deren Vision eng mit der eigenen verwandt ist. Dies ist in manchen Situationen nicht der Fall. In manchen Fällen ist die Partnerschaft notwendig, weil Sie nicht über die richtigen Mittel verfügen, um eine Geschäftsidee zu verwirklichen.

- Erzielung von Dividenden: Für Unternehmen oder Betriebe, die Gewinne an ihre Anleger ausschütten, ist dies ein Standardvorteil von Aktienanlagen. Im Wesentlichen geht es darum, dass Sie mehr Geld von einem Unternehmen oder einem Betrieb erhalten, als Sie investiert haben; Sie verdoppeln Ihr Geld oder Kapital. Für Personen, die an passivem Einkommen interessiert sind, ist die Aktienanlage daher eine angenehme Möglichkeit, Geld zu verdienen, ohne etwas dafür tun zu müssen, vor allem, wenn man über einen beträchtlichen Anteil an Kapital verfügt.

Aktienmärkte und Investitionen sind ein wesentlicher Aspekt der finanziellen Freiheit, der berücksichtigt werden muss. Sie tragen nicht nur zum Wachstum der Wirtschaft des Einzelnen bei, sondern auch zur Volkswirtschaft des Landes oder Staates, dem der Einzelne angehört. Mit Aktieninvestitionen können Sie also mit dem Wachstum der Wirtschaft eines Landes mitwachsen. Dies ist möglich, weil die Wirtschaft einer Gesellschaft gestärkt wird und damit die Zahl der Arbeitsplätze und das Einkommen steigen; dies ermöglicht es den Produkten eines jeden Unternehmens, mehr Publikum zu finden. Daher ist das Wachstum der Wirtschaft eines Landes für das Wachstum eines Unternehmens von entscheidender Bedeutung, was wiederum für die Erlangung finanzieller Freiheit von größter Wichtigkeit ist.

KAPITEL SECHS

Investieren in börsengehandelte Fonds (ETF)

Für Personen, die sich für den Gewinn von Investitionen interessieren, aber die verfügbaren Optionen für Aktieninvestitionen sind nicht günstig oder befriedigend. Das Thema der börsengehandelten Fonds bringt eine Veränderung in Ihrer finanziellen Situation, da es Investitionen in Aktien, Anleihen und andere Vermögenswerte bietet. Personen, die sich für die angebotenen Anlagemöglichkeiten interessieren, sollten das Wissen und das Verständnis für börsengehandelte Fonds erwerben. Die Gründung des ETF-Plans geht auf die Index Participation Shares von 1989 zurück, die mit der American Stock Exchange (ASE) und der Philadelphia Stock Exchange gehandelt wurden. Diese Firmen oder Institutionen können als Ursprung dieser besonderen Anlagemöglichkeit angesehen werden.

- Investmentfonds: Dies bezieht sich auf eine Kombination von Geldern oder Geldern, die von Aktionären oder Anlegern gesammelt werden, um in Wertpapiere investiert zu werden; diese Wertpapiere umfassen Aktien, Anleihen und einige andere Vermögenswerte. Diese Gelder oder das investierte Kapital werden in der Regel von zertifizierten oder qualifizierten Finanzberatern überwacht oder verwaltet, die sicherstellen, dass die Gelder angemessen verwaltet und zugewiesen werden, um einen gewinnbringenden Gewinn für die Anleger zu gewährleisten. Investmentfonds sind den börsengehandelten Fonds ähnlich, da sie beide eine Kombination von Vermögenswerten enthalten und den Anlegern die Möglichkeit zur Diversifizierung bieten.

- Basiswert oder Index: Ein Basiswert wird verwendet, um den Hauptgegenstand zu identifizieren, der Wert und Bedeutung verleiht oder hilft, den Hauptgegenstand des Kontrakts zu identifizieren.

Was ist ein börsengehandelter Fonds (ETF)?

Nachdem wir uns mit der Geschichte und dem Aufbau des börsengehandelten Fonds vertraut gemacht haben, stellt sich die Frage "Was ist ein ETF?". Es ist wichtig, sich mit dieser Frage zu befassen, denn sie ist die Grundlage, auf der jeder andere Punkt oder Begriff von ETF für potenzielle Anleger Bedeutung und Verständnis erlangt. Um das in diesem Kapitel behandelte Thema zu vereinfachen, ist es wichtig, den Begriff "Investmentfonds" kurz zu definieren, auf den im Verlauf des Kapitels über börsengehandelte Fonds Bezug genommen wird. Dieser Begriff wird anschließend kurz erläutert;

Ein börsengehandelter Fonds (ETF) ist also ein Fonds, wie der Name schon sagt. Er ermöglicht es seinen Teilnehmern, eine Vielzahl von Wertpapieren in verschiedenen Anlagemöglichkeiten an der Börse zu handeln. Die Wertpapiere des börsengehandelten Fonds bieten einzeln viele Anlagemöglichkeiten. In manchen Fällen werden diese Optionen jedoch auch kombiniert, wie z. B. Rohstoffe, Anleihen und Aktien. Die Grundsätze der börsengehandelten Fonds können mit denen von Investmentfonds verglichen werden, da eine Vielzahl von Anlagemöglichkeiten wie Aktien und Anleihen gehandelt werden. Sie ähneln auch insofern einer gewöhnlichen Aktie, als sie den Verkauf von Anteilen während des ganzen Tages ermöglichen, im Gegensatz zu den Investmentfonds, die nur einmal am Tag gehandelt werden und diese Möglichkeit nur nach Börsenschluss besteht. Die börsengehandelten Fonds weisen ähnliche Fluktuationen wie gewöhnliche Aktien auf; dies ist der Grund dafür, dass die Preise der börsengehandelten Fonds sowohl für die Verkäufer als auch für die Käufer steigen und fallen.

Die Option bzw. die Idee der börsengehandelten Fonds ist vor allem für Personen attraktiv, die an einer Diversifizierung interessiert sind, und zwar sowohl an einer Diversifizierung der Vermögenswerte als auch der Fonds. Im Gegensatz zu Aktien bieten sie keine solide Auswahl an Vermögenswerten, was der Grund dafür ist, dass sie mehr Anleger anziehen können als normale Aktien.

Arten von börsengehandelten Fonds

Es ist wichtig, jeden einzelnen oder potenziellen Teilnehmer an börsengehandelten Fonds mit den verschiedenen verfügbaren Arten vertraut zu machen und die Vorteile jeder Option hervorzuheben. Die verschiedenen Arten von börsengehandelten Fonds werden zur Erzielung von Gewinnen und anderen vorteilhaften Bestimmungen verwendet. Im Folgenden sind die Arten von börsengehandelten Fonds aufgeführt:

- Bond Exchange Traded Fund: Dies bezieht sich auf börsengehandelte Fonds, die in Anleihen investieren. Diese besondere Art ist in der Kategorie der festverzinslichen Wertpapiere weit verbreitet, vor allem weil die neuen und alten Kurse allen Aktionären oder Anlegern zugänglich sind, da sie an der Börse gehandelt werden. Diese spezielle Kategorie von börsengehandelten Fonds floriert jedoch in der Regel, wenn sich die Wirtschaft in einer Rezession befindet, da die Anleger häufig Geld von Aktien in Anleihen umschichten. Dies ist ein wichtiger Indikator für die Lage einer Volkswirtschaft.

- Sektorale börsengehandelte Fonds: Sie bilden eine bestimmte Branche oder einen bestimmten Markt oder Sektor ab und nicht den gesamten oder verfügbaren allgemeinen Markt. Die sektoriellen börsengehandelten Fonds investieren in die Vermögenswerte oder Wertpapiere eines genau definierten Sektors. So kann ein börsengehandelter Branchenfonds beispielsweise nur den Index für Finanzwerte, Energiewerte oder Technologiewerte nachbilden; er hängt ausschließlich von dem angegebenen Bereich ab. Er bietet die Option oder Gelegenheit, in ein Unternehmen zu investieren, ohne sich mit der Kombination der einzelnen Aktien in diesem spezifischen Sektor zu belasten. Dieser spezielle börsengehandelte Fonds basiert in der Regel auf Aktien aus den Vereinigten Staaten. Dies schränkt eine Person, die weltweit investieren möchte, nicht ein, da einige Personen daran teilnehmen; die globale Anlageoption wird ausdrücklich gewählt, um von der weltweiten Performance des Sektors zu profitieren. Bei der Entscheidung, in einen bestimmten Sektor zu investieren, ist es jedoch wichtig, festzustellen oder zu recherchieren, ob der Sektor tatsächlich eine Klassifizierung darstellt. Zu diesem Zweck wurde der Global Industry Classification Standard (GICS) eingeführt. Es gibt viele Sektoren in der Welt, und jeder Sektor hat einen Untersektor, der ihm zugeordnet ist. Daher die Rolle des GICS bei der Hervorhebung und Definition der Klassifizierung von Sektoren.

- Inverse/Short/Bear Exchange Traded Fund: Hier werden verschiedene Derivate eingesetzt, um vom Verlust oder Rückgang des Wertes der zugrunde liegenden Vermögenswerte zu profitieren. Die inversen börsengehandelten Fonds halten nur minimale Positionen, und es besteht auch die Möglichkeit, einige Wertpapiere zu leihen und zu verkaufen, allerdings mit dem Wunsch, sie zu einem niedrigeren Preis zurückzukaufen.

- Commodity Exchange Traded Fund (börsengehandelter Rohstofffonds): Es handelt sich um eine Anlage in physische oder gewöhnliche Rohstoffe und natürliche Ressourcen. In der Regel konzentriert sich diese Art von ETF auf eine bestimmte Art von Waren oder auf Investitionen, die auf der Grundlage des Vertragsabschlusses getätigt werden. Es ist wichtig zu beachten, dass eine Person, die einen börsengehandelten Rohstofffonds erwirbt, Eigentumsrechte an einer Reihe von Geschäften hat, die durch einen Rohstoff und nicht durch einen physischen Vermögenswert untermauert sind. Die bekanntesten und beliebtesten Produkte, in die üblicherweise investiert wird, sind Öl und Gas, Gold und Silber. Die Investition in den Rohstoff Gold ist so beliebt, dass er zu den ersten Rohstoffen gehörte, in die investiert wurde; er wurde im Mai 2002 von Benchmark Asset Management Company Private Ltd in Indien offiziell als ETF-Rohstoff ausgewiesen. Die Beliebtheit des Rohstoffs Gold ist auch darauf zurückzuführen, dass der SPDR Gold Shares im November 2010 als zweitgrößter börsengehandelter Fonds anerkannt wurde. Im Gegensatz zu allen anderen diskutierten börsengehandelten Fonds bildet diese Art von börsengehandelten Fonds keine Indizes ab, da sie nicht in Wertpapiere investiert.

- Exchange Traded Funds (börsengehandelte Währungsfonds): Diese börsengehandelten Fonds haben den alleinigen Zweck, Anlagemöglichkeiten und Engagements in Fremdwährungen zu bieten. Dieser spezielle börsengehandelte Fonds ist der größte der Welt, da er die Möglichkeit bietet, in Währungen zu investieren.

Strategie für börsengehandelte Fonds

Die börsengehandelten Fonds sind ein geeigneter Weg in die finanzielle Freiheit und aufgrund ihrer zahlreichen Vorteile wie Kosteneffizienz, Diversifizierung und Steuervorteile auch ein idealer Einstieg für Anfänger. Allerdings können diese börsengehandelten Fonds nur dann ihre volle Wirksamkeit entfalten, wenn man sie versteht und strategische Entscheidungen trifft. Daher ist es von grundlegender Bedeutung, sich mit den Merkmalen vertraut zu machen, die die ETF zu einer der effizientesten Strategien zur Erlangung eines finanziell freien Status machen. Im Folgenden finden Sie einige der wichtigsten Merkmale und Pläne, die Sie anwenden müssen, um das Beste aus den börsengehandelten Fonds herauszuholen.

1. Fester Dollarbetrag: Dies beinhaltet den Kauf eines Vermögenswerts in Höhe eines bestimmten festen Dollarbetrags, ungeachtet der Änderung, die den Kosten oder dem Preis eines solchen Vermögenswerts zugeschrieben wird; es bleibt der feste Dollarbetrag. Die Mehrheit der Anleger sind Personen, die über ein stabiles Einkommen verfügen und in der Lage sind, einen gewissen Anteil ihres Grundgehalts zu sparen oder einzubringen. Wenn Sie dazu in der Lage sind, sollten Sie einen Teil Ihres Grundgehalts in einen börsengehandelten Fonds oder in eine Gruppe von Fonds investieren oder einzahlen. Dieser besondere Grundsatz des Beitrags oder der Investition

würde dazu beitragen, die Politik des Sparens zu lehren und zu etablieren, die für die Erlangung finanzieller Freiheit unerlässlich ist. Um wirklich finanziell frei zu werden, muss man sich mit der Disziplin des Sparens vertraut machen, da sie hilft, die Ausgaben zu kontrollieren. Außerdem hilft es, Ihre Mittel zu sichern und die Risiken für das angelegte Geld zu verringern. Die Situation eines festen Betrags akkumuliert einen bedeutenderen Prozentsatz an Zinsen oder Gewinn, wenn der börsengehandelte Fonds Gesetz ist, und einen geringeren Prozentsatz, wenn er hoch ist, was dazu beiträgt, Ihre Finanzen in einem finanziellen Zustand und manchmal darüber zu sichern.

2. Allokation von Vermögenswerten: Wie der Titel schon sagt, geht es dabei um die Aufteilung eines Teils eines Ganzen auf verschiedene Kategorien von Vermögenswerten: Aktien, Anleihen und Rohstoffe. Dies ist besonders effektiv für Personen, die an den Diversifizierungsvorteilen von börsengehandelten Fonds interessiert sind. Der börsengehandelte Fonds verfügt über eine niedrige Anlagetoleranz, die es den Teilnehmern ermöglicht, je nach Risikotoleranz und Anlagedauer eine Strategie der Vermögensaufteilung festzulegen.

3. Rotation der Sektoren: Die börsengehandelten Fonds ermöglichen es den Teilnehmern und Anlegern, sich je nach

der aktuellen Wirtschaftslage an verschiedenen Sektoren zu beteiligen.

4. Investieren Sie in Märkte, die börsengehandelte Fonds anbieten: Börsengehandelte Fonds gibt es an den Aktienmärkten. Es gibt börsengehandelte Fonds für verschiedene Sektoren. Daher müssen Sie nur die ETF identifizieren, die in Ihrem speziellen Interessengebiet spezifiziert sind.

5. Festlegung des Anlagesektors: Nachdem das Interesse an einer Beteiligung an einem börsengehandelten Fonds festgestellt wurde. Das Wichtigste ist, den Bereich zu bestimmen, in den Sie investieren möchten, da der börsengehandelte Fonds Einzelpersonen, die Interesse zeigen, Anlagemöglichkeiten bietet.

Vorteile von börsengehandelten Fonds

Im Laufe der Zeit haben sich viele Personen aufgrund der angebotenen Sicherheiten als Teilnehmer der Investmentfonds identifiziert. Die Etablierung der börsengehandelten Fonds bietet jedoch einen anderen Ansatz für die Vorteile, die nur den Investmentfonds eigen waren. Daher ist es wichtig, die Vorteile jeder Anlagemöglichkeit zu kennen, um sicherzustellen, dass das Interesse an einem bestimmten Bereich oder Sektor nicht verloren geht. Aus diesem Grund werden hier einige der Vorteile der börsengehandelten Fonds gegenüber anderen Anlagemöglichkeiten erörtert.

- Verfügbarkeit von Diversifizierung: Ein Anleger in der Finanzbranche kann ein Interesse an den Diskussionen oder Gewinnen haben, die von verschiedenen anderen Sektoren geliefert werden, könnte aber aufgrund von Unerfahrenheit oder Ineffektivität in einem solchen Bereich eingeschränkt sein. Mit den börsengehandelten Fonds (ETF), die es einem Anleger ermöglichen, sich in einem bestimmten Sektor zu engagieren, scheint dies jedoch kein großes Problem zu sein. Der börsengehandelte Fonds ist inzwischen für jeden anerkannten Sektor oder Aspekt in der Welt erhältlich. Exchange-Transfer-Fonds werden nach Vermögenswerten, Rohstoffen und Klassen gehandelt. Durch den Kauf eines bestimmten Fonds kann der börsengehandelte Fonds helfen, andere Wertpapiere wie Aktien und Anleihen zu identifizieren. Er trägt auch dazu bei, das Verlustrisiko aufgrund der Streuung der Gelder oder des Kapitals auf verschiedene Märkte und Vermögenswerte zu verringern, und bietet dadurch einen höheren Ertrag als die regulären Anlagemöglichkeiten. Das bekannteste Beispiel für diese Diversifizierungsoption, die sich bewährt hat, ist der Vanguard Stock Market Exchange, Traded Fund. Sie investieren in mehr als dreitausendfünfhundert (3.500) Aktien aus den Vereinigten Staaten. Das Merkmal der Diversifizierung ist offensichtlich, da ihre Investitionen Unternehmen in verschiedenen, wenn nicht allen Sektoren, die mit der Wirtschaft der Vereinigten Staaten verbunden sind, umfassen.

● Kostengünstig: Bei Aktienanlagen und Investmentfonds erfordert die aktive Verwaltung die Zahlung von Mitteln und anderen Kosten, die je nach den Anforderungen der Verwaltungsebene variieren. Zu den Kosten, die durch den Verwaltungsprozess entstehen können, gehören Verwaltungskosten, Marketingkosten und Vertriebskosten. Allerdings sind die börsengehandelten Fonds im Vergleich zu den Investmentfonds kostengünstig, und sie sind für diese besondere Eigenschaft anerkannt. Sie sind bekannt für ihre niedrige Kostenquote, die sie den Anlegern bieten, und diese spezifische Quote liegt normalerweise zwischen 0,10 % und 0,25 %. Die börsengehandelten Fonds erfordern keine tatsächliche Arbeit oder Beteiligung, daher der drastische Unterschied zwischen ihnen und den verwalteten Investmentfonds. Er erfordert in der Regel keine nennenswerte Verwaltung und wird sogar als passiv verwalteter Fonds bezeichnet, da er keine Forschung oder Analyse erfordert.

Außerdem sind börsengehandelte Fonds in Bezug auf die erforderlichen Mitteilungen, Erklärungen und Überweisungen kostengünstig, im Gegensatz zu traditionellen Fonds, bei denen die Anleger das Recht oder den Anspruch haben, regelmäßig Mitteilungen und Berichte zu erhalten. Bei börsengehandelten Fonds wird von den Sponsoren erwartet, dass sie die Informationen nur den direkten Teilnehmern und den Kapitaleignern bestimmter Anteile zur Verfügung stellen.

Ein weiteres kosteneffizientes Merkmal der börsengehandelten Fonds ist schließlich, dass sie keine Rücknahmegebühren wie Investmentfonds verlangen. Die Anleger oder Aktionäre, die an einem börsengehandelten Fonds beteiligt sind, können die kurzfristigen Rücknahmegebühren vermeiden, die bei Investmentfonds anfallen.

● Steuervorteile: Vergleicht man die Struktur von Investmentfonds und börsengehandelten Fonds, so fallen bei ersteren höhere Steuern auf Kapitalgewinne an als bei letzteren. Auch wenn bei börsengehandelten Fonds Steuern auf Kapitalgewinne anfallen, werden diese nur zu dem Zeitpunkt besteuert, zu dem der börsengehandelte Fonds vom Anleger verkauft wird. Bei Investmentfonds werden die Kapitalgewinne während der gesamten Anlagedauer und nicht erst zum Zeitpunkt des Verkaufs besteuert. Was jedoch die Zahlung von Dividenden betrifft, so ist die Zahlung von Dividenden an die Anleger von börsengehandelten Fonds im Vergleich zu den traditionellen Investmentfonds weniger vorteilhaft. Bei den börsengehandelten Fonds gibt es zwei wichtige Kategorien von Dividenden (Gewinne aus einer bestimmten Anlage), nämlich qualifizierte und nicht qualifizierte Dividenden. Jede dieser Kategorien hat eine bestimmte Anforderung, die bestätigt, dass es sich um eine qualifizierte oder nicht qualifizierte Dividende handelt. Ein börsengehandelter Fonds wird als qualifizierte Dividende anerkannt, wenn der betreffende börsengehandelte Fonds mindestens sechzig (60) Tage vor dem festgelegten oder erwarteten Datum der Dividendenausschüttung im Besitz des Anlegers war. Der Steuersatz für qualifizierte Dividenden hängt von der Höhe des Einkommens des Anlegers oder Aktionärs ab. Der verfügbare Satz liegt jedoch zwischen 5 % und 15 %, während nicht qualifizierte Dividenden auf der Grundlage des Gewinnsteuersatzes des Anlegers besteuert werden. Im Gegensatz zu Investmentfonds, bei denen die

Reinvestitionszeit variieren kann, werden die von den Unternehmen erhaltenen Erträge (Dividenden) bei börsengehandelten Fonds sofort wieder angelegt.

- Flexibilität beim Handel: Der gewöhnliche Handel mit einem Investmentfonds ist nur einmal am Tag erlaubt, und zwar am Ende des Tages, wenn der Markt schließt. Die Anleger müssen warten, bis der Nettoinventarwert (NAV) festgestellt wird, damit sie den Preis der neuen Anteile und den Gewinn aus den verkauften Anteilen erfahren. Für manche Menschen scheint dies kein Hindernis zu sein, obwohl es für Personen, die zu den kurzfristigen Anlegern gehören, und für diejenigen, die Flexibilität in ihren Finanzen benötigen, hinderlich sein kann. Die börsengehandelten Fonds ähneln jedoch den Aktienanlagen, die es den Anlegern oder Aktionären ermöglichen, Aktien oder Vermögenswerte während des Tages zu kaufen und zu verkaufen, und die börsengehandelten Fonds erlauben dies auch.

Dies ermöglicht es den Anlegern, bestimmte Aufträge zu erteilen, um bestimmte Risiken oder Verluste zu vermeiden. Ein Beispiel für einen solchen Auftrag ist ein Stop-Loss-Auftrag, der es den Anlegern ermöglicht, einen Teil ihres Vermögens oder den gesamten börsengehandelten Fonds zu einem bestimmten Kurs zu verkaufen. Die Flexibilität der börsengehandelten Fonds bietet den Anlegern auch den

Vorteil, dass sie Aufträge auf unterschiedliche Weise erteilen können.

- Nischenhandel: Dieser besondere Vorteil ist am ehesten bei den börsengehandelten Fonds zu erkennen. Der börsengehandelte Fonds ermöglicht es Anlegern oder Einzelpersonen, in einige Bereiche zu investieren, die die regulären Investmentfonds nicht bieten. Aufgrund der Klassifizierung des GCIS können börsengehandelte Fonds mehr als die gewöhnlichen Sektoren abdecken, und sie umfassen auch die Untersektoren.

KAPITEL SIEBEN

Optionshandel, Vermietung von Immobilien und Verkauf von Häusern

In den vorangegangenen Kapiteln wurden verschiedene Möglichkeiten erörtert, die die finanzielle Freiheit jedes Einzelnen fördern oder verbessern können. Es gibt drei grundlegende Optionen oder Kategorien von Aufgaben oder Möglichkeiten, die keine Investition von Kapital in ein Unternehmen oder Geschäft durch den Kauf von Aktien oder Anteilen erfordern. Die im Laufe dieses Kapitels besprochenen Möglichkeiten erfordern auch nicht, dass man Einzelhändler oder Angestellter ist, und diese Möglichkeiten bieten den Teilnehmern oder Einzelpersonen die Möglichkeit, sich mit dem Status des "Selfmademan", des finanziell Freien, zu identifizieren. Die Möglichkeiten, die zu dieser Kategorie gehören, sind der Optionshandel, die Vermietung von Immobilien und das Verkaufen von Häusern. Die Auswirkungen dieser finanziellen Einkommensentscheidungen auf die aktuelle Wirtschaftslage werden erörtert; auch die Effektivität dieser Optionen wird eines der Themen in diesem speziellen Abschnitt des Buches sein. Diese Optionen (Optionshandel, Vermietung von Immobilien und Verkauf von Häusern) werden im selben Kapitel kategorisiert, da sie ähnliche Anforderungen haben. Sie können als Teilbereiche des allgemeinen Sektors der Finanzen, des Grundgehalts oder des Gehalts aus der Ausgabe von passivem Einkommen (Gehalt aus Aufgaben, die von einer Person keine umfangreichen Aktivitäten verlangen) bezeichnet werden. Dies bringt uns zu dem Punkt, an dem es wichtig ist, die Bedeutung und den Inhalt dieser Optionen zu verstehen.

Eine Einführung in den Optionshandel

Wie der Name oder Titel dieser speziellen Option schon sagt, handelt es sich um einen Handel. Daher beziehen sich Optionen auf einen Vertrag oder eine Vereinbarung, die es Einzelpersonen ermöglicht, für einen bestimmten Gegenstand von Interesse oder einen Basiswert zu handeln. Das Geschäft mit Optionen ist für Anleger kein Zwang. Es ist jedoch für jeden Anleger erlaubt, der Interesse am Kauf oder Verkauf von Wertpapieren, börsengehandelten Fonds und auch Basiswerten zeigt oder bekundet. Eine Option ist eine anerkannte oder qualifizierte Vereinbarung, die es einem Anleger erlaubt, innerhalb einer bestimmten Zeitspanne Basiswerte oder Wertpapiere zu kaufen und zu verkaufen. Der Kauf, d. h. der Kauf und Verkauf von Optionen, die Basiswerte und Wertpapiere umfassen, kann über den normalen Prozess des Erwerbs verschiedener anderer Vermögenswerte oder Aktien erfolgen. Daher werden Optionen über die Dienste eines Maklers erworben, wenn eine Person ein Maklerkonto eingerichtet oder aktiviert hat. Obwohl Optionen als äußerst effizient dargestellt oder verstanden werden könnten, sind sie nicht frei von den Risiken, die bei anderen Anlagemöglichkeiten bestehen. Daher muss sich ein Anleger, der sich für den Optionshandel interessiert, der Risiken bewusst sein, die mit diesem speziellen Handel verbunden sind. Dies ist der Hauptgrund für die Warnung, die jeder Maklerdienst den Teilnehmern anbietet, bevor der Vertrag vollständig ausgeführt wird. Diese Warnung beinhaltet in der Regel die Tatsache, dass der Optionshandel mit einem erheblichen Risiko verbunden ist, Gewinne zu verlieren. Zwei wichtige Begriffe sind für den Kauf und das Engagement im Optionshandel von Bedeutung, nämlich "Call-Option" und "Put-Option". Die Call-Option bezieht sich auf die Situation, in der eine Person oder ein Anleger einen bestimmten Prozentsatz an Optionen kauft, die es ihm ermöglichen, Aktien zu einem anderen Zeitpunkt zu kaufen, während die Put-Option es Ihnen ermöglicht, eine Option zu kaufen, die es Ihnen ermöglicht, Aktien zu einem späteren oder anderen Zeitpunkt zu verkaufen. Wenn man die Rolle des Optionshandels betrachtet und ihn mit einer Aktienanlage vergleicht, so ist diese spezielle Option nicht gleichbedeutend mit dem Anspruch oder dem Recht auf das Eigentum an einem bestimmten Unternehmen. Allerdings werden Optionen in erheblichem Maße als vorteilhafter angesehen, da sie den Teilnehmern ein geringeres Risiko aufbürden, indem sie ihnen das Recht oder die Berechtigung geben, einen Optionsvertrag jederzeit zurückzuziehen oder aufzulösen, wenn es ihnen günstig erscheint.

Im Finanz- und Investitionsbereich im Allgemeinen werden diese Optionen von den meisten Unternehmen und sogar Privatpersonen als Derivate bezeichnet, da sie einen Teilbereich der Wertpapiere darstellen. Sie werden als Derivate bezeichnet, weil ihr Preis oder ihre Kosten vom Preis einer anderen Sache abhängig sind. Das heißt, der Wert eines Derivats oder einer Option wird in diesem Fall von den Kosten eines anderen Produkts abgeleitet. In der heutigen Zeit sind daher viele Produkte Derivate von anderen Produkten. Zum Beispiel ist Papier ein Derivat von Holz, Kaffee ist ein Derivat von Kakao, und auch eine Aktienoption ist von einer Aktie abgeleitet. Der Preis von Optionen ergibt sich also aus dem Wert, der mit einem anderen Vermögenswert verbunden ist.

Es gibt zwei Grundtypen von Optionen, nämlich amerikanische Optionen und europäische Optionen. Die Namen bedeuten nicht, dass sich diese Optionen aufgrund des geografischen Standorts unterscheiden; der einzige Unterschied besteht in den Bedingungen des Zeitraums oder der Zeit der Ausübung. Die amerikanischen Optionen beziehen sich auf Optionen, die jederzeit innerhalb des Verfalls- und Kaufdatums ausgeübt werden können, während die europäischen Optionen nur am Verfallsdatum angewendet werden können.

Vorteile des Optionshandels

Nach der Definition und Erläuterung der Optionen ist es wichtig, die Vorteile klar darzulegen, die Einzelpersonen, die an dieser besonderen Kategorie teilnehmen wollen, zur Verfügung stehen. Daher werden in den folgenden Abschnitten die Gründe erörtert, die für jeden Einzelnen für den Optionshandel sprechen. Diese Gründe sind auch die wesentlichen Vorteile, die für die Teilnehmer oder Investoren des Optionshandels möglich sind.

● Der Vorteil der Spekulation: Es handelt sich um eine Chance oder eine Überprüfung der Wette auf den Preis von Vermögenswerten und die Position, die er später einnehmen würde, d.h. die Möglichkeit, dass er steigen oder fallen könnte. Personen, die diesen besonderen Vorteil effektiv nutzen, werden als Spekulanten bezeichnet. Wenn ein Spekulant aufgrund seiner Analyse der Meinung ist, dass der Kurs einer bestimmten Aktie steigen könnte, kauft er eine Aktie oder setzt eine Call-Option ein, um die Aktie zu kaufen. Daher schützt der Kauf einer Call-Option den Einzelnen vor Risiken und bietet ein akzeptables Maß an Hebelwirkung im Vergleich zum Kauf der Aktie selbst, ohne die Gewissheit, dass der Preis steigen oder fallen wird.

● Der Nutzen einer Absicherung: Unter Absicherung versteht man etwas, das Sicherheit vor Risiken oder Verlusten bietet.

Die grundlegende Funktion von Optionen, die von Privatpersonen erkannt wird, ist ihre Absicherungsfunktion. Daher haben Investitionen im Rahmen von Optionen die Möglichkeit, von ihren Anlegern versichert zu werden. Dieser Vorteil ist eine Versicherungspolice, die dazu beiträgt, dass Ihre Anlagen im Falle einer Liquidation durch eine Versicherung gedeckt sind.

Eine Einführung in die Vermietung von Immobilien

Die meisten Menschen haben Freunde oder Familienmitglieder, die Mieter oder Bewohner einer Wohnung sind, die ihnen nicht rechtmäßig gehört. Um diese Menschen geht es in diesem Abschnitt jedoch nicht. Stattdessen ist dieser Abschnitt den tatsächlichen Eigentümern der Häuser oder Personen gewidmet, die sich für diesen speziellen Handel interessieren.

Mietimmobilien sind Immobilien, die von einer Person erworben werden, die in der Regel als Investor bezeichnet wird. Andere Personen oder Mieter mieten in der Regel diese gekaufte Immobilie oder Wohnung. Diese Vereinbarung oder Beziehung zwischen diesen Personen ist in einem Vertrag enthalten, der als Mietvertrag oder Pachtvertrag bekannt ist. In die meisten dieser Mietobjekte wird mit der primären Absicht investiert, bei der Vermietung oder durch den späteren Wiederverkauf der Immobilie Gewinne zu erzielen. In einigen wenigen Fällen wird versucht, mit beiden Optionen Geld zu verdienen. Bei einer vermieteten Immobilie gibt es eine wichtige Voraussetzung, um sich als Immobilieninvestor zu qualifizieren, und ein Immobilieninvestor kann sich auf eine Einzelperson oder eine Gruppe von Personen beziehen. Auch ein eingetragenes Unternehmen oder eine Firma kann sich für eine Investition in Mietimmobilien entscheiden. Allerdings gibt es zwei primäre Klassifikationen von Mietobjekten; diese sind die Wohn-Mietobjekte und die gewerblichen Mietobjekte.

Die Wohnmiete bezieht sich auf eine Kategorie oder Gruppe von Häusern, die beschränkt sind, um von Einzelpersonen bewohnt werden ein Lebens-und Wohnraum. Diese besondere Kategorie besteht aus verschiedenen Strukturen von Häusern, und es umfasst Wohneinheiten und Doppelhaushälften und Bungalows, solange es von Vorteil für die einzelnen Wohnung in einem solchen Raum ist. Diese besondere Investition ist für die meisten Investoren recht attraktiv und erreichbar, da jeder Einzelne aufgrund seiner früheren Erfahrungen als Mieter einen Bezug zu dieser Ebene herstellen kann. Außerdem bietet diese Anlageform ein stabiles monatliches oder jährliches Einkommen, und ihre steuerlichen Vorteile sind attraktiver als die anderer Anlagemöglichkeiten.

Gewerbliche Mietobjekte sind Immobilien, die ausschließlich für geschäftliche und gewerbliche Aktivitäten genutzt werden. Dazu gehören sowohl Gebäude als auch Grundstücke, die einer bestimmten Einrichtung Gewinn bringen. Wenn ein Gebäude jedoch als gewerbliches Mietobjekt registriert ist, gelten andere Gesetze, und der Prozentsatz und das Verfahren der Besteuerung sind anders als bei Wohnimmobilien.

Schritte zur Sicherstellung einer rentablen Investition in Mietobjekte

Nach der Definition des Begriffs "Mietimmobilie" ist es wichtig, auf die wesentlichen Maßnahmen einzugehen, die sicherstellen, dass die Investition in Mietimmobilien für Sie ebenso rentabel ist wie für andere Personen.

- Identifizierung: Es ist von entscheidender Bedeutung, das Prinzip der Mietimmobilie zu erkennen und zu verstehen. Der Sektor der Mietimmobilien oder Immobilieninvestitionen hat dazu beigetragen, einige der reichsten Menschen der Welt zu etablieren. Da dies eines Ihrer vielen Ziele ist, die finanzielle Freiheit zu erreichen, ist es nicht verwunderlich, dass Sie die Vorteile dieses Prinzips suchen würden, um sich mit dem gleichen wirtschaftlichen Status zu identifizieren. Für sie mag dies eine vorteilhafte Investitionsentscheidung sein, aber das gilt nicht für jeden Einzelnen. Die Position eines Immobilieneigentümers ist mit einer Menge Verantwortung verbunden und recht anspruchsvoll. Daher müssen Sie davon überzeugt sein, dass Sie Ihren Pflichten als Immobilieneigentümer in jeder Hinsicht nachkommen können.

- Erwerb von Fertigkeiten: Die meisten neuen oder in der Entwicklung befindlichen Immobilienbesitzer haben nicht die Mittel, um nach der Investition von Geld in das

Mietobjekt einen Wartungsspezialisten einzustellen. Daher müssen sie sich einige Grundkenntnisse aneignen, um Schäden im Haus beheben zu können. Dies bedeutet jedoch nicht, dass sie für lange Zeit für die Reparaturen zuständig sind, sondern nur so lange, bis die Gewinne ihrer Investitionen, d. h. die Mietzahlungen der Mieter, erwirtschaftet sind. Entscheidet sich der Hauseigentümer dafür, der Handwerker für eine solche Wohnung oder ein solches Haus zu bleiben, spart er das Geld, das für professionelle Arbeiten erforderlich gewesen wäre.

- Begleichung von Schulden: Diese besondere Anforderung wird in diesem Buch immer wieder betont. Damit eine Anlagemöglichkeit für den Anleger Gewinne abwirft, muss er seine Schulden begleichen, da sonst die Zinsen für diese Schulden seine Ersparnisse weiter belasten würden. Bei Immobilien oder Mietobjekten ist es jedoch nicht notwendig, die Schulden zu begleichen, bevor Sie sich auf die Suche nach Immobilien begeben, wenn das Mietobjekt einen Gewinn abwirft, der höher ist als die Schulden. Stellen Sie auch in diesem Fall sicher, dass Ihr Einkommen oder Ihr Gehalt höher ist als die Hypothek.

- Vermeiden Sie das Flippen: Als Anfänger im Geschäft mit Mietimmobilien ist es sehr verlockend, ein Fixer-Upper-Objekt zu kaufen, um es zu renovieren und in ein Mietobjekt zu verwandeln. Wenn Sie sich für ein renovierungsbedürftiges Haus entscheiden, das Sie veräußern wollen, hat dies mehrere Nachteile für Ihre Finanzierung. Die Renovierung solcher Häuser ist teuer, auch wenn Sie zum Zeitpunkt des Kaufs vielleicht der Meinung sind, dass Sie einen großen Teil des Geldes sparen. In Wirklichkeit würden Sie aber mehr ausgeben als das ursprüngliche Budget, wenn Sie ein Haus gekauft hätten, das nicht renoviert werden muss. Daher ist es sinnvoller, ein Haus zu kaufen, das nur geringe oder gar keine Reparaturen benötigt. Diese Meinung vertritt Matt Holmes, Chief Executive Officer der Holmes Real Estate Group.

- Berechnen Sie Ihren Gewinn: Auch wenn viele Menschen mit dem Sprichwort vertraut sind: "Zähle die Hühner nicht, bevor sie geschlüpft sind." In diesem speziellen Fall ist die Gewinnermittlung wichtig, da sie Sie mit dem Hauptziel oder dem Grund für das Mietobjekt in Einklang bringt. Diese spezifische Idee hilft Ihnen auch dabei, Ihre Gewinne und Ausgaben im Auge zu behalten; dies hilft auch dabei, festzustellen, ob das Mietobjekt im Vergleich zu anderen Investitionsmöglichkeiten eine wertvolle Rendite bietet. Die Cash-on-Cash-Performance von Aktien bietet in manchen Situationen bis zu 7,5 % Gewinn, während Anleihen in manchen Fällen 4,5 % bieten. Allerdings kann die Mietimmobilie unter bestimmten Umständen einen Gewinn von 6 % bieten, im Vergleich zu den anderen

Anlagemöglichkeiten ist der Prozentsatz des Gewinns aus dieser besonderen Option günstig. Außerdem besteht die Wahrscheinlichkeit, dass dieser Gewinn im Laufe der Zeit steigen könnte.

- Lage: Es ist wichtig, eine preisgünstige Wohnung in der richtigen Lage zu erwerben, da dies über die Verfügbarkeit von Mietern entscheiden würde. Der prozentuale Anteil der Ausgaben für ein bestimmtes Haus basiert daher auf dem Gesamtbetrag des Hauses beim Kauf. Bei der Wahl des Standorts einer Mietimmobilie sind einige wichtige Merkmale zu berücksichtigen; diese Merkmale sind der Steuersatz der Immobilien, eine niedrige Kriminalitätsrate und eine angemessene Schulgegend.

Wie wirksam sind Mietobjekte zur Erlangung der Freiheit?

Vermietete Immobilien sind eine Möglichkeit, passives Einkommen zu erzielen, und sie sind sogar eine der wichtigsten Möglichkeiten, passives Einkommen zu erzielen. Daher ist der Besitz einer Immobilie oder eines Mietobjekts neben einem regulären Job oder gar keinem Job ein sicherer Weg, um einen finanziell freien Status zu erlangen. Dies ist eine der wichtigsten Investitionsmöglichkeiten, um finanzielle Freiheit zu erlangen, insbesondere für Einzelpersonen oder Investoren, die Investitionen am Aktienmarkt ablehnen. Die Vermietung von Immobilien bietet die Möglichkeit, ein passives Einkommen zu erzielen. Für Immobilienbesitzer, die nicht vorhaben, Schäden im Haus selbst zu beheben, ist dies ein geeigneter Vorschlag für ein passives Einkommen. Der Prozess, Eigentümer einer Mietimmobilie zu werden, erfordert keine aktive Beteiligung oder Verwaltung, abgesehen vom Anfangskapital, das in den Kauf und die allgemeinen Unterhaltskosten investiert wird. Daher können Sie sich für eine Mietwohnung interessieren und in sie investieren, ohne dass dies Ihre tägliche Arbeit, Routine oder Ihren Zeitplan beeinträchtigt.

Es gibt einen enormen Zuwachs an Einkommen für Immobilienbesitzer. Nach der Investition von Geldern zur Erlangung eines solchen Titels wächst der Prozentsatz des Einkommens, den man als Immobilienbesitzer erhält. Der

Gewinn oder die Einnahmen aus einer Immobilie oder einem Mietobjekt bleiben nicht statisch, sondern sind so vorteilhaft, dass der Nutzen Ihrer Investition mit dem Wertzuwachs der Immobilie wächst. Vergleicht man außerdem die Stabilität der Beträge auf dem Aktienmarkt und bei Mietimmobilien, so ist letztere wertbeständiger und bietet eine Absicherung im Vergleich zu Aktienanlagen.

Die anderen Anlagemöglichkeiten bieten die Möglichkeit, in Vermögenswerte wie Aktien und Anteile zu investieren, und dies sind alles Vermögenswerte, die möglicherweise nicht sichtbar sind, d. h. sie sind nicht physisch. Die Möglichkeit, in Mietimmobilien zu investieren, ist jedoch ein greifbarer und verlässlicherer Vermögenswert, weil man ihn im Vergleich zu Aktien und Anteilen genau beobachten kann.

Zusammenfassend lässt sich sagen, dass es bei der Investition in Mietimmobilien wichtig ist, realistische und vernünftige Gewinnerwartungen zu haben. Es ist wichtig zu beachten, dass Mietimmobilien zwar irgendwann ein hohes Gehalt oder einen Gehaltsscheck einbringen, dies aber nicht von Anfang an der Fall ist und es etwas länger als die erwartete Dauer dauern kann, wenn die falsche Immobilie ausgewählt wurde. Daher ist die Wahl der Immobilie ein entscheidender Faktor, der bei Investitionen in Mietobjekte zu berücksichtigen ist. Auch eine Einzelperson mit wenig oder gar keiner Erfahrung in diesem Bereich könnte sich mit einem Unternehmen zusammenschließen, um ein professionelles Verständnis für die Funktionsweise von Mietobjekten zu erhalten.

Eine Einführung in das Verkaufen von Häusern

Im Laufe der Einführung in das Konzept, die Idee oder das Prinzip von Miethäusern wurde der Begriff "flipping" oder "flipping houses" ein paar Mal erwähnt. Daher die Notwendigkeit, Sie in diesem Abschnitt mit dieser besonderen Option vertraut zu machen.

"Flipping" als allgemeiner Begriff bezeichnet den Erwerb eines oder mehrerer Vermögenswerte, die gewinnbringend verkauft werden sollen, anstatt die Position oder den Status des Eigentums einzubehalten. Dieser Begriff wird in der Regel mit Immobilien oder Häusern in Verbindung gebracht, und dies ist der Schwerpunkt der Diskussion in diesem Abschnitt; das Flippen von Häusern und nicht das Flippen als allgemeine Idee.

In diesem Zusammenhang bezieht sich der Begriff "Flipping" also in der Regel auf den Kauf eines Hauses oder einer Immobilie und den Verkauf innerhalb eines Jahres, um einen schnellen Gewinn zu erzielen. In einigen Fällen geht es um die Renovierung oder Reparatur des Hauses, bevor es zum Verkauf angeboten wird. Dies ist eine häufige Einnahmequelle für Menschen, insbesondere in den Vereinigten Staaten, wo im Jahr 2017 207.088 Häuser verkauft wurden. Es gibt zwei wichtige Arten des Flippings. Erstens gibt es eine, bei der Investoren Immobilien kaufen, die sich in einem Markt mit hohem Wertzuwachs befinden, und diese identifizierten Häuser werden sofort weiterverkauft, ohne dass die Investoren den physischen Zustand der Immobilie sanieren. Dieses Verfahren bzw. diese besondere Art wird auf der Grundlage des Marktstatus und nicht der Bedingungen der Immobilie durchgeführt. Der zweite Typ wird als Reno-Flip bezeichnet. Beim Reno-Flip wird die zu verkaufende Immobilie renoviert. Diese Renovierungen oder Ausbesserungen werden auf der Grundlage des Wissens des Investors darüber durchgeführt, was potenzielle Käufer gerne verbessern würden. Die Idee des Flippens ist so lukrativ, dass sie die Möglichkeit des Großhandels bietet. Beim Großhandel mit Häusern oder Grundstücken schließt eine Person, die als außergewöhnlich produktiv bei der Ermittlung unterbewerteter Häuser erkannt oder wahrgenommen wurde, eine Vereinbarung oder einen Vertrag über den Kauf einer bestimmten Immobilie ab. Nach Ablauf dieser Frist kann der Großhändler die Rechte an der genehmigten Immobilie an einen Investor verkaufen, der ihm einen bestimmten Prozentsatz zahlt. Die vom Großinvestor verkaufte Immobilie muss vom Käufer nicht unbedingt weiterverkauft werden; er kann die Immobilie nach den Renovierungs- und Instandsetzungsarbeiten als Wohnung nutzen.

Das Geschäft oder die Idee mit Immobilien birgt auch einige Risiken, die sich nachteilig auf die finanzielle Lage des Einzelnen auswirken können. Wenn sich ein Anleger beispielsweise für eine Investition in einer anerkannten Zone entschieden hat, kann er nicht erkennen, wann der Wert eines solchen Marktes sinken könnte. Daher kann der Wert einer Börse jederzeit sinken, was für den Anleger von Nachteil ist, da sein Vermögen weiter an Wert verliert, was für ihn einen Verlust bedeutet.

Wie kann man Häuser effizient verkaufen?

Viele Menschen interessieren sich für das Verkaufen von Häusern, und noch viel mehr haben vielleicht schon Erfahrungen mit dieser Art von Einkommen gemacht. Sie glauben vielleicht sogar, dass das Verkaufen von Häusern keine vernünftige oder verlässliche Investitionsmöglichkeit ist, weil es in diesem speziellen Bereich Risiken gibt. Dies muss jedoch nicht für jeden Einzelnen gelten, denn mit dem Grundwissen über das Verkaufen von Häusern lassen sich auf effiziente Weise Gewinne erzielen. In diesem Abschnitt geht es daher um die Voraussetzungen für die Veräußerung von Häusern und die notwendigen Schritte, um eine maximale Effektivität bei der Veräußerung von Häusern zu gewährleisten.

Stellen Sie sicher, dass Sie über genügend Kapital oder Kredit verfügen. Die Option des Hausverkaufs kann für Sie nicht nützlich sein, wenn Sie nicht über einen beträchtlichen Prozentsatz des Geldes als Kapital oder ausgezeichnete Kreditwürdigkeit verfügen. Dies sind Grundvoraussetzungen für die Renovierung und den Kauf der Immobilie oder des Hauses, das schließlich verkauft werden soll. Daher ist es wichtig, dass Sie über eine ausgezeichnete Kreditwürdigkeit verfügen. Wenn dies nicht der Fall ist, sollten Sie sich jetzt darum bemühen, eine zu schaffen. Die Kreditwürdigkeit ist von entscheidender Bedeutung, da sie die Zinsen bestimmt, die man für ein Hausdarlehen erhält, sobald man mit dem Verkauf beginnt. Das Verkaufen von Häusern erfordert viel Bargeld, da ein erheblicher Geldbetrag benötigt wird, um die Immobilie zu kaufen und die notwendigen Renovierungen durchzuführen.

Inwieweit ist das Verkaufen von Häusern ein Erfolg?

Um sicherzustellen, dass sich das Verkaufen von Häusern nicht nachteilig auf die Finanzen einer Person auswirkt, ist es wichtig, die folgenden Schritte vor dem Verkauf von Häusern zu verstehen.

- Verstehen Sie den Zielmarkt: Bevor Sie eine Immobilie kaufen, um sie zu verkaufen, müssen Sie das Interesse der Zielgruppe in diesem bestimmten Zeitraum kennen. In Haus flipping, um sicherzustellen, dass Gewinn gemacht wird, kann eine Person nicht machen Spekulation auf den Wunsch der Ziele.

- Ermitteln Sie die verfügbaren Finanzierungsmöglichkeiten: Es gibt verschiedene Finanzierungsmöglichkeiten für Immobilienprojekte. Stellen Sie sicher, dass Sie jede einzelne in Betracht ziehen, um eine spezifische Option zu wählen, die für Ihre besondere Situation geeignet ist. Diese spezifische Idee würde Ihnen helfen, die richtigen Entscheidungen für Ihre Immobilien zu treffen.

- Analyse: Stellen Sie sicher, dass die Kosten und Gewinne, die mit einem bestimmten Projekt erzielt werden können, angemessen analysiert werden. Die 70%-Regel ist die grundlegende Richtlinie, die von den meisten Flippern angenommen wird, und diese wird in ihrer Analyse verwendet, bevor ein Haus gekauft wird. Die 70%-Regel besagt, dass Investoren nicht mehr als 70% des ARV (After Repair Value) zahlen sollten.

- Verhandlung: Dies ist eine wichtige Voraussetzung beim Hausverkauf, da sie den Prozentsatz der Ausgaben für ein bestimmtes Geschäft oder für eine bestimmte Immobilie bestimmt. Daher würde eine Verhandlung bei Renovierungen oder Reparaturen helfen, eine enorme Menge an Geld zu sparen.

- Kenntnisse über durchschnittliche Projekte: Es ist klar, dass nicht jede Immobilie oder jedes Haus die gleiche Renovierung erfordert, aber die Erfahrung, was eine durchschnittliche Reparatur an einem normalen Tag bedeutet, hilft bei der Entscheidung, ob eine bestimmte Immobilie ein gutes Geschäft ist, insbesondere für Personen, die eine Renovierung planen.

- Networking: Es ist wichtig, mit potenziellen Käufern in Kontakt zu treten. Sie können mit ihnen reden und diskutieren, um zu verstehen, welche Renovierungen und welche Art von Häusern sie interessieren würden. Außerdem erspart es Ihnen die Notwendigkeit oder den Stress, nach Käufern zu suchen, wenn eine Immobilie bereit ist, verkauft zu werden, und es verschafft Ihnen einen Gewinn, wenn der Markt noch einen hohen Wert hat.

- Angebot: Sobald ein Investor eine potenzielle Immobilie identifiziert hat, die für ihn von Vorteil wäre, muss er ein Kaufangebot unterbreiten. Bevor das Angebot unterbreitet wird, sollten Sie sich jedoch vergewissern, dass Sie den höchsten Betrag ermittelt haben, den Sie für eine solche Immobilie zahlen können, ohne dass Ihr Gewinn beeinträchtigt wird.

- Contracting: Einige Personen sind vielleicht nicht am Contracting-Geschäft interessiert, weil sie glauben, dass sie die Reparaturen selbst erledigen können. Das ist eine berechtigte Meinung, aber Sie müssen in der Lage sein, zwischen Reparaturen zu unterscheiden, die Sie selbst durchführen können, und solchen, die professionelle Hilfe benötigen.

- Wiederverkauf oder erneute Auflistung: Beim Verkauf von Häusern gibt es zwei Möglichkeiten: Sie können Ihr Haus selbst verkaufen oder es einem Makler anbieten, der das Haus in der Datenbank des Multiple Listing Service auflistet, um es zu verkaufen. Auch wenn viele Menschen kein Interesse an den Dienstleistungen eines Immobilienmaklers haben, da diese mit Kosten verbunden sind. Als Anfänger ist es ratsam, die Dienste eines Maklers in Anspruch zu nehmen, unabhängig von den Gebühren, da der Wiederverkauf einer Immobilie in Eigenregie einige Zeit in Anspruch nehmen kann und die Wahrscheinlichkeit besteht, dass die Immobilie an Wert verliert, wenn sie schließlich verkauft wird.

Um sicherzustellen, dass das Verkaufen von Häusern ein Erfolg wird, sollten die oben genannten Verfahren oder Schritte strikt eingehalten werden, da sie den Erfolg dieses Handels oder dieser Investitionsoption bestimmen.

ACHTES KAPITEL

Frühzeitig in Rente gehen

Der Begriff Ruhestand bezeichnet im Klartext das Ende oder den Rückzug aus dem Berufs- oder Lebensalltag einer Person, und er bedeutet auch das Ende einer aktiven Tätigkeit oder eines Arbeitslebens. Eng verwandt mit diesem Begriff ist die Position der Altersteilzeit. Unter Altersteilzeit versteht man die Reduzierung der Arbeitszeit einer Person. Die meisten Personen, die sich dafür entscheiden, vor dem vorgeschlagenen Renteneintritt in den Ruhestand zu gehen, tun dies aufgrund ihres Rentenanspruchsstatus. Es gibt jedoch auch Personen, die aufgrund ungünstiger Umstände in den Ruhestand gehen. Situationen wie Krankheiten oder die Unfähigkeit, in einer bestimmten Position effizient zu arbeiten, können in einigen Fällen eine Pensionierung erforderlich machen.

Es sei darauf hingewiesen, dass der Eintritt in den Ruhestand in den meisten Ländern oder Institutionen nicht immer ein Grundsatz war, da die Lebenserwartung und das Fehlen von Ruhestandsplänen direkt bedeuteten, dass die Beschäftigten bis zum Tod arbeiten mussten. Im späten 19th. und frühen 20th. Jahrhundert wurde jedoch das Konzept des Ruhestands eingeführt. Dieser Grundsatz wurde erstmals 1889 in Deutschland eingeführt. Die historische Vorgeschichte des Ruhestands ist nicht das Hauptthema dieses Kapitels; dieser

Abschnitt soll sich auf die Rolle des Vorruhestands und der finanziellen Freiheit konzentrieren.

Die Option des Vorruhestands zur Erlangung der finanziellen Freiheit mag jedoch ironisch erscheinen, da es sich dabei um ein Mittel zur Erzielung von Mitteln und Einkommen aus dem Grundgehalt handelt. Diese Position kann jedoch dazu beitragen, finanzielle Freiheit zu erreichen, und hat im Laufe der Jahre an Anerkennung gewonnen. Dieses Prinzip oder diese Terminologie wird gemeinhin als FIRE-Bewegung bezeichnet, d. h. als Bewegung für finanzielle Unabhängigkeit und Frühverrentung. Eine Person gilt als vorzeitig in den Ruhestand getreten, wenn sie ihren Arbeitsplatz oder ihre derzeitige Tätigkeit vor Ablauf der von der Regierung oder dem Gesetz für ein solches Unternehmen genehmigten Frist aufgibt. Nicht jede Person, die behauptet, vorzeitig in den Ruhestand gegangen zu sein, hat einen entsprechenden Antrag gestellt; einige Personen befinden sich in einer solchen Situation, weil ihr Arbeitsvertrag vor dem üblichen Zeitpunkt beendet wurde. Dennoch würden sie stattdessen den euphemistischen Begriff des Vorruhestands verwenden.

Was ist die FIRE-Bewegung?

Die FIRE-Bewegung (Financial Independence and Retire Early) wurde auf der Grundlage des Buches "Your Money or Your Life" von Vicki Robin und Joe Dominguez aus dem Jahr 1992 ins Leben gerufen, in dem es um die Erlangung finanzieller Freiheit und Unabhängigkeit durch einen frühen Ruhestand geht. Der wichtigste Grundsatz oder Gedanke des Buches, der die FIRE-Bewegung ins Leben gerufen hat, ist die Überzeugung, dass Menschen in der Regel ihre Lebensenergie gegen Geld eintauschen, indem sie sich ihrer Arbeit widmen oder sich am Erwerbsleben beteiligen. Es handelt sich um eine Ruhestandsbewegung, die es den Teilnehmern oder Einzelpersonen ermöglicht, früher in den Ruhestand zu gehen, als es die traditionelle Zeit oder der traditionelle Plan vorsieht. Damit die finanzielle Unabhängigkeit und die Vorruhestandsbewegung für Sie funktionieren, sollten potenzielle Teilnehmer jedoch mindestens 70 % ihres Gehalts oder Grundlohns in einen Rentensparplan einzahlen, z. B. in 401(k)s und den Sparsparplan. Personen, die sich strikt an die Vorgaben der FIRE-Bewegung halten, können unter Umständen ihren Job aufgeben und von den Beiträgen zu ihren Altersvorsorgeplänen leben. Die Entnahme aus dem Rentensparen muss jedoch so gering wie möglich gehalten werden, um sicherzustellen, dass die Ersparnisse nicht vollständig aufgebraucht werden. Der Inhalt und die Bewegung der finanziellen Unabhängigkeit und des Vorruhestands werden in der Regel von Personen übernommen, deren Lebensstil aus extremem oder maximalem Sparen ihres Gehalts besteht, und diese Personen stellen sicher, dass sie bis zu 70 % ihres Einkommens während ihrer Jahre der Arbeit in einem traditionellen Unternehmen sparen. Sobald sie jedoch ein vernünftiges Ziel erreicht haben, in manchen Fällen 1 Million, kündigen sie ihren derzeitigen Job oder Beruf, manche gehen sogar so weit, dass sie aus dem traditionellen Arbeitsleben ausscheiden. Diese Menschen leben von der Disziplin, ihre Ersparnisse klug und nicht verschwenderisch auszugeben; die Hauptteilnehmer dieser Bewegung nehmen im Laufe der Jahre kleine Abhebungen von ihren Ersparnissen vor. In der Regel werden jährlich zwischen 3 % und 4 % der Ersparnisse entnommen. Diese Spanne ist jedoch nicht für jede Person zwingend, da der Prozentsatz der jährlichen Entnahmen durch den auf dem Konto verfügbaren Gesamtbetrag bestimmt wird. Das Überleben der FIRE-Bewegung hängt von dem Entnahmeprozentsatz, der Sorgfalt bei der Überwachung der Ausgaben, der extremen Pflege der verfügbaren Mittel und der Umschichtung der Investitionen durch jeden Einzelnen ab. Allerdings birgt dieser Plan auch seine Risiken, denn der Misserfolg oder der Wertverfall des Aktienmarktes oder des Zinssatzes kann zu einem Defekt oder Scheitern des Plans der finanziellen Unabhängigkeit und des Vorruhestands führen. Die FIRE-Bewegung verfügt jedoch über eine Vielzahl von

Varianten, die auf die spezifischen Situationen jedes Einzelnen zugeschnitten sind, und diese Varianten bieten den Anhängern der jeweiligen Bewegung einen Leitfaden, an dem sie sich orientieren können, was dem Erfolg der Bewegung in der individuellen Lebensführung zugute kommt. Diese Varianten werden im Folgenden erörtert:

- Fette finanzielle Unabhängigkeit, frühzeitiger Ruhestand: Diese Kategorie bezieht sich auf Personen, die einen größeren Vorteil haben als der herkömmliche Anleger im Ruhestand, d. h. ihr Sparanteil könnte höher sein als die normalen Ersparnisse. Personen, die zu dieser Kategorie gehören, haben einen normalen Lebensstil und sparen einen höheren Prozentsatz als der, der von einem normalen Anleger im Ruhestand erwartet wird. Diese Personen geben im Vergleich zu anderen Varianten mehr Geld für die Sicherstellung des gewählten Lebensstils aus, und ihre Ausgaben liegen in der Regel bei einer Million Dollar und mehr.

- Lean Financial Independence, Retire Early: Personen in dieser Kategorie sparen bis zum Äußersten. Ihre Ersparnisse beeinflussen oder diktieren in der Regel ihren Lebensstil. Es handelt sich um die strikte Einhaltung umfangreicher Investitionseinsparungen für den Ruhestand und einen minimalen Lebensstil. Diese besondere Kategorie bezieht sich auf Personen, deren Lebensstil auf weniger als 25.000

Dollar (fünfundzwanzigtausend Dollar) pro Jahr basiert oder von ihnen bestimmt wird.

- Barista Financial Independence, Retire Early: Manche Menschen haben ihren regulären Job gekündigt. Sie haben jedoch immer noch ein Einkommen aus einer Art Angestelltenverhältnis. Diese Personengruppe wird ausdrücklich unter der Barista-Variante zusammengefasst. Diese Variante bezieht sich auf Personen, die ihre reguläre Beschäftigung aufgegeben haben, die ihnen ihr normales Gehalt zahlen, aber immer noch eine geringfügige Beschäftigung ausüben, die sie zur Deckung ihrer laufenden Ausgaben bezahlt. Dies geschieht in der Regel, um sicherzustellen, dass ihre Ruhestandsgelder nicht vergeudet und so lange aufbewahrt werden, bis sie zwangsläufig benötigt werden.

- Coast/Side Financial Independence, Retire Early: Diese besondere Variable ist eng mit dem Barista verwandt. Genau wie die Barista FIRE, haben diese Personen ihre Jobs gekündigt und sind Angestellte eines Teilzeitjobs, um ihre laufenden Ausgaben zu decken. Der Unterschied zwischen diesen beiden besteht jedoch darin, dass die Küsten-FIRE-Befürworter ihre laufenden täglichen Ausgaben mit ihren Ruhestandsgeldern bestreiten können, ohne dass sich dies nachteilig auf ihre Ruhestandsersparnisse auswirkt.

Schritte zu einem wirksamen FIRE-Plan

Finanzielle Unabhängigkeit und Vorruhestand sind mehr als nur die Kündigung eines Jobs oder die Erstellung eines Pensionsplans. Die Idee oder das Prinzip mag in der Theorie einfach erscheinen, aber die Umsetzung? Nicht so einfach, denn es gibt einige spezifische Richtlinien und Optionen, die berücksichtigt, bestätigt und in die Tat umgesetzt werden müssen, um festzustellen, ob eine Person bereit ist, an der Bewegung für finanzielle Unabhängigkeit und Vorruhestand teilzunehmen. Daher ist es notwendig, einige der grundlegenden Anforderungen und Schritte der FIRE-Bewegung hervorzuheben.

- Schritt 1: Finden Sie heraus, welche Art von Lebensstil für Sie in Frage kommt. Der erste Schritt, um sicherzustellen, dass die FIRE-Bewegung für Sie effektiv ist, besteht darin, die Art des Lebensstils zu ermitteln, die mit Ihrer Persönlichkeit übereinstimmt. Das größte Problem bei vielen finanziellen Entscheidungen und Institutionen ist die Tatsache, dass der Einzelne sein Interesse auf den Gewinn oder das Geld richtet, das eine solche Entscheidung verspricht. Auf der Grundlage der Meinungen aus dem Buch "Your Money or Your Life" wird dem Einzelnen bewusst gemacht, dass man immer Geld verdienen kann, egal mit welchen Mitteln man sich entscheidet, aber die verlorene Lebenszeit kann nie wieder zurückgewonnen werden. Bevor

Sie also die finanziellen Vorteile einer Entscheidung in Betracht ziehen, sollten Sie die Auswirkungen auf Ihren Lebensstil bedenken. Wenn Sie sich für die Art von Lebensstil entschieden haben, die Sie sich wünschen, können Sie feststellen, ob das FIRE-Prinzip für Sie in Frage kommt, und auch den Prozentsatz des Geldes bestimmen, den Sie sinnvollerweise sparen sollten.

- Schritt 2: Berechnen Sie Ihre Ausgaben und Ihr Budget. Jede Entscheidung für eine finanzielle Reise erfordert ein korrekt aufgestelltes Budget. Daher ist es wichtig, nach der richtigen Identifizierung des Lebensstils, der für Sie von Vorteil wäre, ein Budget für die Kosten des Lebensunterhalts zu erstellen. Bei der Berechnung Ihres Traumlebensstils wird der prozentuale Anteil des Geldes, der jährlich gespart werden muss, festgelegt und hervorgehoben; angenommen, Sie haben ein bestimmtes Alter, in dem Sie in Rente gehen möchten. Bei der Berechnung des Geldes sollten nicht nur die Kosten für den Lebensstil berücksichtigt werden. Auch die Steuern, die auf solche Ersparnisse erhoben werden, sollten berücksichtigt werden, ebenso wie Inflations- oder Deflationszuschläge auf dem jeweiligen Markt.

- Schritt 3: Prioritäten setzen. Nachdem das Budget oder der Betrag, der jährlich gespart werden soll, festgelegt wurde, müssen Sie Prioritäten setzen. Es ist wichtig, dass Sie Ihre

Ausgaben nach Prioritäten ordnen, um sicherzustellen, dass Sie bequem und vernünftig leben. Daher sollte eine Person, die an der Vorsorge für FIRE interessiert ist, daran interessiert sein, für Notwendiges und Wertvolles auszugeben und nicht für Dinge, die gewünscht, aber nicht gebraucht werden. Daher kann das gesamte zusätzliche Geld, das für Wünsche ausgegeben werden könnte, auf ein Sparkonto eingezahlt werden, da in den meisten Fällen die Höhe der Sparrate den geeigneten Zeitpunkt für den Ruhestand bestimmt. Die Höhe Ihrer Sparrate hängt von konsequenten Beiträgen ab. Um sicherzustellen, dass das Sparen für Sie nicht zu einer Last oder lästigen Pflicht wird, sollten Sie es als Mittel betrachten, um den von Ihnen gewünschten Lebensstil zu führen. Sparen ist lediglich ein Mittel zum Zweck. Das einzige Verfahren, das über Ihre Teilnahme an der Bewegung für finanzielle Unabhängigkeit und Frühverrentung entscheidet, ist das Sparen und Investieren in einen Rentensparplan. Um Ihre Reise zur finanziellen Freiheit zu beschleunigen, ist es wichtig, ein Gleichgewicht zwischen dem Grundgehalt, den Ausgaben und den Beiträgen zur Altersvorsorge herzustellen. Schnelleres Sparen oder das schnelle Erreichen finanzieller Unabhängigkeit erfordert eine Reduzierung der Ausgaben, die zu einer Erhöhung der Beiträge führen würde.

- Schritt 4: Bezahlen Sie Ihre Schulden (gute Schulden und schlechte Schulden). Überraschenderweise wird hier von Schulden im positiven Sinne gesprochen, denn die einzige Art von Schulden, die wir kennen, sind die negativen Schulden. Das Konzept der guten Schulden bezieht sich auf Schulden, die Sie zur Erzielung von Gewinnen nutzen können. Ein Beispiel dafür sind Hypothekenschulden, die für Immobilieninvestitionen verwendet werden, und Studentendarlehen, wenn sie dazu beitragen, einen hochprofitablen Job zu bekommen. Schlechte Schulden hingegen sind, wie Sie vielleicht schon erraten haben, Schulden, die sich nachteilig auf Ihre Finanzen auswirken. Bei schlechten Schulden geht Geld verloren. Ein allgemein bekanntes Beispiel für schlechte Schulden sind Kreditkartenschulden mit einem Zinssatz von bis zu 20 %. Im Falle von FIRE ist es unerlässlich, alle bestehenden Schulden zu begleichen, da dies einen Verlust an Geld für Sie bedeutet. Wenn Sie jedoch eine Person sind, die sowohl gute als auch schlechte Schulden hat, ist es ratsam, die Schulden mit dem höchsten Zinssatz zu tilgen, was in den meisten Fällen die Kreditkartenschulden sind. Dieses Zahlungsverfahren kann auf der Grundlage der hierarchischen Reihenfolge der Zinssätze durchgeführt werden.

- Schritt 5: Nehmen Sie an Ihrer derzeitigen Tätigkeit teil, um eine Beförderung zu erhalten und sich weiterzubilden. Der größte Teil des Geldes, das in Ihren Rentensparplan fließt, stammt aus Ihrer Vollzeitbeschäftigung oder Ihrem regulären Job, daher müssen Sie sicherstellen, dass Sie Ihre volle Leistungsfähigkeit ausschöpfen, um eine Gehaltserhöhung zu erhalten. In den meisten Fällen verdienen jedoch bestimmte Personen eine Gehaltserhöhung oder eine Beförderung, die ihnen jedoch verweigert wurde. Es ist notwendig, eine Beförderung zu fordern, wenn Sie zu dieser Kategorie gehören, weil die Erhöhung des Gehalts oder des Grundgehalts den Prozentsatz der Mittel, die in die Altersvorsorge eingezahlt werden, erhöhen würde, was zu einer Verringerung der Anzahl der Jahre führt, die der Einzelne bis zur Pensionierung durchhalten muss.

- Schritt 6: Passives Einkommen. Falls Sie mit diesem Begriff nicht vertraut sind oder ihn nicht kennen, handelt es sich dabei um einen Nebenjob oder eine reguläre Tätigkeit, die es Ihnen ermöglicht, ohne eine aktive Rolle zu spielen, Geld zu verdienen. Hier kommt der Erwerb von Fähigkeiten aus dem vorangegangenen Schritt ins Spiel, und Fähigkeiten können den Geldbetrag, der in Ihren Plan fließt, beschleunigen. Ihr passives Einkommen muss jedoch nicht unbedingt eine Fähigkeit sein. In diesem Fall handelt es sich lediglich um etwas, das Sie neben Ihrer regulären oder Vollzeitbeschäftigung tun können, um Geld zu verdienen; die besten passiven Einkommensoptionen sind jedoch solche Jobs, die Sie zu Aktivitäten zwingen, die Ihnen im Allgemeinen Spaß machen.

- Schritt 7: Investieren. Investitionen sind ein wesentlicher Bestandteil des Plans zur finanziellen Unabhängigkeit und zum vorzeitigen Ruhestand. Investitionen wurden in verschiedenen Abschnitten dieses Buches besprochen und Investitionen sind nicht nur auf Aktien beschränkt. Was hat die Investitionsoption mit FIRE zu tun? Wenn Sie beabsichtigen, vorzeitig in den Ruhestand zu gehen, aber Ihr gesamtes Geld und Gehalt auf einem Sparkonto liegt, ohne dass Sie daraus einen Gewinn erzielen, könnte es ein wenig mühsam werden, bevor eine Person finanzielle Unabhängigkeit erreicht. Wenn eine Person jedoch ihre Ersparnisse in ein Anlagekonto investieren kann, wird der gesamte Sparprozess beschleunigt, da die Investitionsgewinne oder Dividenden reinvestiert und später auf das Rentenkonto übertragen werden können, wenn aus dem ursprünglichen Kapital ein Gewinn erzielt wurde. Dies ist ein wesentliches Verfahren, um mit dem Vorruhestandsplan finanzielle Freiheit zu erlangen. Im Grunde genommen machen Sie aus Ihrem Anfangsvermögen einen Gewinn, und sowohl der erzielte

Gewinn als auch das investierte Kapital können später auf das Konto eingezahlt werden. Es ist jedoch ratsam, in die verlässlichsten Vermögenswerte zu investieren, nämlich in Aktien, Anleihen und Immobilien. Es gibt noch andere Anlagemöglichkeiten, aber diese sind die zuverlässigsten und effektivsten. Außerdem muss sichergestellt werden, dass ein Unternehmen, ein Betrieb oder eine Gesellschaft bereit ist, Dividenden oder Investitionsgewinne zu zahlen, bevor das gesamte Investitionsverfahren durchgeführt wird. Daher wird von einer Person, die in Aktien eines Unternehmens investieren möchte, erwartet, dass sie den Aktienkurs des Unternehmens gelesen oder sich mit ihm vertraut gemacht hat.

- Schritt 8: Schaffung täglicher Gewohnheiten. Nachdem Sie die erforderlichen Schritte zur Erreichung der finanziellen Unabhängigkeit und des Vorruhestands befolgt haben, müssen Sie sich Gewohnheiten aneignen, wie z. B. konsequentes Sparen und beharrliches Einhalten des Ausgabenbudgets. Daher müssen Sie sich konsequent an die Schritte halten, um die positiven Auswirkungen des FIRE-Plans zu erzielen. Sie können die Schritte nicht ein paar Monate lang gewissenhaft befolgen und dann irgendwann aufgeben, weil Sie glauben, dass es Ihnen finanziell gut geht. Wenn Sie sich strikt daran halten, können Sie sich in jedem

Fall oder in jeder Situation leicht an die Veränderungen anpassen.

Finanzielle Freiheit/Unabhängigkeit im Ruhestand erhalten

Die Schritte und Ideen, die befolgt werden sollten, um sicherzustellen, dass jeder Einzelne finanziell frei sein kann, sind für jeden Einzelnen verfügbar. Die Schritte zur Erreichung des Vorruhestands und der finanziellen Freiheit sind dargelegt worden. Es gibt jedoch immer noch ein Problem für Einzelpersonen, wenn es um den Unterhalt und die Verwaltung von Geld nach der Pensionierung geht. Viele Menschen glauben, dass dies unmöglich ist, weil der Hauptgrund für eine Beschäftigung darin besteht, Geld zu verdienen und Freiheit zu erlangen. Selbst wenn man davon ausgeht, dass man einen sicheren Ruhestandsplan hat, gibt es ungeplante Ausgaben, die entstehen könnten, und wie will man die Gelder, die kurzerhand abgezogen wurden, wieder aufstocken? Dies sind Fragen, die in diesem Abschnitt des Kapitels festgelegt und beantwortet werden sollen. Die Unfähigkeit, diese Fragen zu klären, würde den Einzelnen von den Zielen dieses Kapitels abhalten; dies ist der Hauptgrund, warum dieses Thema diskutiert wird. Einige der Möglichkeiten, die finanzielle Freiheit oder Unabhängigkeit nach dem Eintritt in den Ruhestand zu erhalten, sind Investitionen, Budgetierung, angemessene Instandhaltung, ein Finanzberater usw.

Mit dem Eintritt in den Ruhestand ist es wichtig, sich neue Lebensziele zu setzen. Der Eintritt in den Ruhestand bedeutet einen neuen Lebensabschnitt, und es ist wichtig, die Erwartungen festzulegen, die diesen besonderen Lebenszyklus bestimmen, um sicherzustellen, dass Ihre derzeitige finanzielle Situation davon nicht negativ beeinflusst wird. Daher ist es wichtig, den aktuellen Betrag, den Sie auf Ihrem Sparkonto haben, und den Prozentsatz der täglichen Ausgaben, die Ihr neuer Lebensstil erfordern würde, festzulegen oder aufzuschreiben.

Es ist wichtig, ein Budget zu erstellen, nachdem die Lebensziele oder Erwartungen klar formuliert wurden. Daher ist es ratsam, für jeden Bereich Ihres neuen Lebensstils einen Haushaltsplan zu erstellen, denn nur so können Sie sicherstellen, dass Ihre Ausgaben auf dem richtigen Weg sind und Ihre Ersparnisse nicht so weit aufgebraucht werden, dass Sie sich unwohl fühlen. Der Haushaltsplan schafft ein Bewusstsein für die zur Verfügung stehenden Mittel und hält davon ab, zu viel Geld für Wünsche und nicht für Notwendigkeiten auszugeben.

Achten Sie darauf, dass Sie keine Schulden machen. Zu diesem Zeitpunkt sollten Kredite nicht einmal eine Option für Sie sein, da sie nur Ihre Ersparnisse auffressen würden. Daher ist es wichtig sicherzustellen, dass alle hochverzinslichen Kredite wie Kreditkarten zu jedem Zeitpunkt in voller Höhe zurückgezahlt werden. Diese besondere Option wurde zuvor wegen der hohen Zinssätze, die Kreditkarten mit sich bringen, hervorgehoben.

Nutzen Sie die verschiedenen Anlagemöglichkeiten, die sich Ihnen bieten. Manche Menschen haben vielleicht einen großen Sparplan für den Ruhestand, aber sie beginnen, das Geld oder die Mittel zu verschleudern, nur weil sie behaupten, keine Ausgaben zu haben. Stattdessen könnten solche Personen das Geld in ein Unternehmen, ein Geschäft oder eine Gesellschaft investieren, um den Gewinn ihrer Investition zu erhalten, wodurch sie eine Einkommensquelle für sich selbst schaffen und ihre Ersparnisse verdoppeln.

Es wäre auch von Vorteil, die Dienste eines Finanzberaters in Anspruch zu nehmen, wenn Ihnen der gesamte Prozess der Ruhestandsplanung nicht zusagt. In den meisten Fällen ist es hilfreich, professionelle Hilfe bei der Aufteilung der Mittel auf die einzelnen Lebensbereiche in Anspruch zu nehmen. Mit dieser Aufteilung soll sichergestellt werden, dass das Budget nicht über- oder unterschritten wird und Notfallmittel abgezogen werden müssen, was den Hauptzweck der Erstellung eines Budgets zunichte machen würde.

Vorteile des Vorruhestands

Was haben Sie nach der Pensionierung zu gewinnen? Warum sollte ich als junger Mensch vorzeitig in den Ruhestand gehen wollen, wenn es im Berufsleben mehr Erfahrungen und Vorteile für mich gibt? Erstens kann man nicht wissen, wie vorteilhaft und wichtig eine Gelegenheit oder etwas für einen ist, bis man es ausprobiert hat, und oft ist es besser, die Vorteile einer bestimmten Entscheidung in Gesprächen mit Menschen zu verstehen, die eine solche Situation erlebt haben. Daher ist es ratsam, bei der Entscheidung, ob der Vorruhestand für Sie vorteilhaft ist, die Meinung derjenigen einzuholen, die sich erfolgreich auf diese Suche begeben haben. In diesem Fall geht es um den Vorruhestand.

- Ein früher Ruhestand und finanzielle Unabhängigkeit würden es leichter machen, die Welt zu erkunden. Viele Menschen sind daran interessiert, mehr zu sehen als den Staat, das Land oder den Kontinent, in dem sie geboren sind. Die meisten Menschen sind jedoch aus Zeit- und Geldmangel nicht in der Lage, dies zu tun. Der FIRE-Plan ist eine wichtige Möglichkeit, diesen Lebensstil zu leben. Einige Personen könnten jedoch darauf bestehen, dass dieser besondere "Vorteil" ein Nachteil für ihre Ersparnisse ist, und sie haben damit nicht unrecht, aber es gibt einen Weg, dies zu erreichen. Diese Technik wurde von ihren Befürwortern getestet, die vier Jahre lang um die Welt gereist sind und dabei insgesamt 30.879 Dollar ausgegeben haben. Die Personen, die diese Aussage gemacht haben, sind Kristy Shen und Bryce Leung. Sie behaupten, dass sie jetzt, wo sie die Welt bereisen, weniger ausgeben als wenn sie in einer Großstadt leben würden.

- Der Vorruhestand würde Sie in eine Situation versetzen, in der Sie sich keine Sorgen um Geld machen müssen. Für manche Menschen ist die größte Herausforderung der Gedanke an ihr Gehalt, da sie von Gehaltsscheck zu Gehaltsscheck leben, aber Menschen, die in der Lage waren, einen Ruhestandsplan aufrechtzuerhalten und daran festzuhalten, können diese Sorge vergessen. Bei strikter

Einhaltung eines Pensionsplans könnten die Ersparnisse für den Ruhestand ausreichen, um ein Leben lang zu überleben.

Zusammenfassend lässt sich sagen, dass ein konsistenter Sparplan von entscheidender Bedeutung ist, um sicherzustellen, dass Sie den größten Beitrag zur Erreichung Ihrer finanziellen Unabhängigkeit und Ihres Ruhestandsplans leisten. Die 401(k)s und der Thrift Savings Plan (TSP) sind einige Möglichkeiten, die Konsistenz der Altersvorsorge zu gewährleisten, da sie beide automatische Sparbeiträge anbieten, die die Entnahme eines bestimmten Prozentsatzes von Ihrem Konto auf Ihr persönliches Sparkonto beinhalten. Es ist auch hilfreich, Beiträge von der Einrichtung oder dem Unternehmen zu erhalten, bei der/dem Sie beschäftigt sind.

SCHLUSSFOLGERUNG

Das gesamte Buch ist so gegliedert, dass jedes Kapitel eine frische und neue Option zur Erreichung der finanziellen Freiheit bietet. Es hilft, dass jedes Kapitel eine neue Investitionsoption oder einen neuen Finanzplan für Einzelpersonen bietet und somit eine neue Idee von finanzieller Freiheit vermittelt. Die Tatsache, dass diese Investitionspläne und Themen vorgeschlagen wurden, schafft einen Zustand des Realismus, dass finanzielle Freiheit oder Unabhängigkeit ein vernünftiger

Ansatz ist. Die Rolle der finanziellen Freiheit für jeden Einzelnen ist abhängig von der Strategie und den Entscheidungen jedes Einzelnen. Die Wirksamkeit der finanziellen Freiheit oder jeder der Optionen kann nicht verallgemeinert werden, obwohl eine Schätzung für das Ausmaß der Wirksamkeit vorgenommen werden kann.

Viele Menschen wünschen sich jedoch die Vorteile der finanziellen Unabhängigkeit, doch in den meisten Fällen sind sie nicht bereit, die für die finanzielle Freiheit erforderliche Sorgfalt und Disziplin aufzubringen. Daher finden sie sich in einer Situation wieder, in der sie sich an die Richtlinien der finanziellen Freiheit halten konnten, aber sobald sie ein kleines Maß an Unabhängigkeit in ihren Finanzen wahrnehmen, geben sie das festgelegte Schema auf, das sie zu diesem bestimmten Stadium gebracht hat. Dies ist der Hauptgrund für die meisten Verluste, die Einzelpersonen auf ihrem Weg zur finanziellen Freiheit erleiden. Dies ist in der Regel nicht die Schuld einiger Personen, da einige Blogs oder Websites ein lächerliches Prinzip des Lebens vor dem Erreichen der finanziellen Freiheit anbieten. Stellen Sie sich vor, man würde Ihnen raten, dass Sie zur Erlangung der finanziellen Freiheit und Unabhängigkeit all Ihr Hab und Gut verkaufen und mit Ihrer fünfköpfigen Familie in einen Wohnwagen ziehen müssten, oder dass Sie keine guten Lebensmittel kaufen dürften, sondern sich stattdessen von Lebensmitteln aus Müllcontainern oder Restaurantabfällen ernähren müssten. Diese Grundsätze sind für niemanden zu befolgen, und sie verfehlen den Zweck der finanziellen Freiheit. Von den Menschen wird nicht erwartet, dass sie hungern und ungesund leben, weil sie einen unabhängigen Status anstreben, sondern es wird von Ihnen erwartet, dass Sie vor und während Ihres Kurses zur Erlangung eines finanziell freien Status Ihren speziell gewählten Lebensstil leben.

Der Einzelne sollte sich mit der Ideologie vertraut machen, dass das Erreichen der finanziellen Freiheit nicht in einer Nacht geschieht, sondern wie jede finanzielle Entscheidung, die getroffen werden kann, Zeit braucht, um zu wachsen, bevor die Vorteile abgerufen werden können. Deshalb ist es wichtig, dass Sie bei jeder Entscheidung, die Sie treffen, um finanzielle Freiheit zu erlangen, die Tugend der Geduld üben, um sicherzustellen, dass Ihre Finanzen und Investitionen wachsen und sich voll entfalten können. Um das Thema bzw. die Idee der finanziellen Unabhängigkeit realistischer erscheinen zu lassen, gibt es einige Stufen und Wachstumsabschnitte, die der finanziellen Freiheit eigen sind und die man unbedingt beachten sollte, und die im Folgenden erläutert werden.

Stufe 1: Einrichtung eines Notfallfonds. Viele Menschen geben vor, an finanzieller Freiheit interessiert zu sein, aber ihr Leben richtet sich nach wie vor nach dem nächsten Gehalt oder Lohn. Sie haben keine Rücklagen für Notfälle oder sonstige Ersparnisse, sondern geben ihr gesamtes Geld in dem Moment aus, in dem ihre Firma oder ihr Unternehmen zahlt. Diese Kategorie von Menschen wird gemeinhin als Personen bezeichnet, die von Gehaltsscheck zu Gehaltsscheck leben. Dazu gehört auch die Abzahlung von Kreditkartenschulden, da diese einen hohen Prozentsatz an Zinsen mit sich bringen. Dies ist jedoch die Realität der meisten Durchschnittsamerikaner. Diese Personengruppe ist auch diejenige, die behauptet, an finanzieller Freiheit oder Unabhängigkeit interessiert zu sein, manche behaupten sogar, das Prinzip der finanziellen Freiheit sei unerreichbar. Wie kann man finanzielle Freiheit erreichen, wenn der Prozentsatz der Zinsen für die Schulden weiter steigt? Deshalb ist es wichtig, ein Sparkonto zu haben, auf das Sie einen bestimmten Prozentsatz Ihres Gehalts für unerwartete Ausgaben einzahlen können, um Geldverschwendung zu vermeiden.

Stufe 2: Ruhestand. In diesem Stadium hat eine Person vielleicht genug Geld oder Mittel angesammelt oder gespart, um ihren Job für eine Weile oder auf lange Sicht aufzugeben. Die gesamte Idee der finanziellen Freiheit besteht darin, ein Stadium zu erreichen, in dem Arbeit oder Beschäftigung zu einer Wahl und nicht zu einer Notwendigkeit wird. Der Gedanke, seinen Job auf Dauer aufzugeben, mag jedoch lächerlich oder unvernünftig erscheinen, weil man nicht in der Lage ist, zukünftige Bedürfnisse vorauszusehen. Wenn der Gedanke an eine vollständige Pensionierung für Sie unvernünftig ist, ist der

Schritt, eine Zeit lang eine Pause von der Arbeit zu machen, ein Anstoß und ein Schritt in die richtige Richtung, weil dadurch eine vertraute Atmosphäre mit dem Gefühl des Ruhestands geschaffen wird. Dies kann als Vorbereitung im Voraus betrachtet werden.

Stufe 3: Auf dieser Stufe wird erwartet, dass der Einzelne finanziell stabil ist, d. h. dass er in der Lage ist, sich seine wichtigsten Wünsche zu erfüllen und dennoch einen beträchtlichen Geldbetrag zu sparen. Ein Gefühl der Entspannung und Zuversicht stellt sich ein, wenn man von sich behaupten kann, finanziell frei zu sein und dennoch in der Lage zu sein, zu seinem Sparplan beizutragen. Daher sollte jeder in dieser Phase in der Lage sein, einen zufriedenstellenden Lebensstil zu führen und am Ende immer noch einen beträchtlichen Geldbetrag zu sparen.

Ebene 4: Zeit. Wenn Sie eine Person sind, die die Vorruhestandsregelung durchsetzen konnte, dann werden Sie feststellen, dass Sie einen großen Teil der Zeit für sich selbst haben. Um in Dinge zu investieren, die Sie wirklich interessieren, und nicht, weil Sie finanzielle Hilfe oder Unterstützung brauchen. In dieser Phase Ihres Weges zur finanziellen Freiheit würden Sie also zeitlich flexibel werden. Die zeitliche und terminliche Flexibilität ist eng mit der finanziellen Freiheit verbunden. Einem Menschen in dieser Phase wird die Freiheit gegeben, die Aktivitäten und Ereignisse zu wählen, aus denen sich sein Tag zusammensetzt, und er ist in der Lage, Aufgaben aus Leidenschaft und nicht aus Zwang zu verfolgen. Es gibt die persönliche Entscheidung und die Verschiebung des Programms, der Zeit und der Ereignisse, um die persönliche Entwicklung miteinzubeziehen, daher kann man Dinge in seinem Zeitplan verschieben, bis es zu diesem Zeitpunkt zu den persönlichen Zielen passt. Jeder weiß, dass eine der Grundlagen für finanzielle Freiheit und Unabhängigkeit darin besteht, dass man seinen Leidenschaften nachgehen kann, mehr Zeit für sich selbst und die Menschen hat, die einem wichtig sind, ohne dass einem dabei die Mittel ausgehen, um sich und seine Familie zu ernähren. Jeder Mensch, der von sich behauptet, zu dieser Stufe zu gehören, sollte dazu in der Lage sein.

Stufe 5: Ein stabiler Pensionsplan. Wer auf dem Weg zur finanziellen Freiheit ist, muss in der Lage sein, sich eine Altersvorsorge zu sichern, die alle künftigen Ausgaben abdeckt. Angenommen, Sie sind eine Person, die zur normalen Finanzklasse gehört, müssen Sie sicherstellen, dass Sie genug verdient haben, um Ihr Leben nach der Pensionierung zu stabilisieren. Deshalb ist es wichtig, dass Sie über genügend Geldmittel verfügen, um den Lebensstil zu verwirklichen, den Sie sich nach der Pensionierung wünschen. Dies geschieht durch Sparen oder Investitionen in Vermögenswerte, um einen langfristigen Einkommensstrom oder Dividenden zu sichern.

Auch Personen, die stabile passive Einkommensströme aufbauen konnten, sind auf dem richtigen Weg, wenn sie einen vorzeitigen Ruhestand planen.

Stufe 6: Finanzielle Freiheit und Unabhängigkeit. Dies ist die letzte Stufe, auf die der gesamte Kurs, die Disziplin und die Anregungen dieses Buches abzielen. Dazu gehört, dass Sie sich nicht mehr um den Gewinn Ihres passiven Einkommens oder den nächsten Gehaltsscheck und sogar um den Rentenplan kümmern müssen, den Sie aufgestellt haben. Es geht einfach um ein stress- und sorgenfreies Leben. Dies ist die Exklusivität, die der Status "finanziell frei" bietet. Das Erreichen dieser Stufe bedeutet in der Regel, dass Sie mehr Geld haben, als Sie ausgeben müssen. Die meisten finanziell freien Menschen erreichen diesen Status nicht, sie bleiben oft auf der fünften Stufe stehen, die auch ein Prozentsatz des Erreichten ist. Diese Stufe ist jedoch in der Regel mit Personen besetzt, deren Reichtum aus Lotterien oder Erbschaften stammt, oder mit Personen, die ihre eigenen, unabhängig erfolgreichen Unternehmen gründen. Bekannte Beispiele für diese Gründer sind Bill Gates und Warren Buffet, die erfolgreich die finanzielle Freiheit erlangt haben. Ihre Unternehmen sind so erfolgreich, dass es ihnen nicht gelingen würde, das gesammelte Kapital oder Vermögen aufzubrauchen, wenn einer von ihnen beschließen würde, Yachten, Flugzeuge und andere unnötige

Dinge zu kaufen. Das ist die wahre Bedeutung von finanzieller Freiheit.

Nachdem Sie also die verschiedenen Stufen der finanziellen Freiheit aufgezeigt haben, sollten Sie die Stufe identifizieren, zu der Sie gehören, und überlegen, ob Sie damit wirklich zufrieden sind. Wenn nicht, sollten Sie sicherstellen, dass Sie die Dinge identifizieren, die Ihr finanzielles Wachstum verbessern würden, um die gewünschte Stufe zu erreichen. Die Definition dieser Schritte soll den Einzelnen dazu ermutigen, sein Vermögen weiter zu vermehren und sich bewusst zu machen, dass es immer mehr zu erhalten gibt.

Um zu bekräftigen, dass die Idee oder der Grundsatz der finanziellen Freiheit und Unabhängigkeit tatsächlich eine realistische Information ist, ist es notwendig, einige Zeugnisse der Bewegung für finanzielle Freiheit zu teilen. Warum genau ist dies wichtig? Weil für einige oder viele Menschen Sehen gleich Glauben ist, und in diesem Fall müssten sie tatsächliche Situationen lesen, in denen finanzielle Freiheit erreicht wurde, um die Ideologie zu beseitigen, dass es sich nur um einen Mythos handelt, der niemals verwirklicht werden kann. Daher die Bedeutung der folgenden Zeugnisse.

Das erste Zeugnis, das in Betracht gezogen wird, ist das von Christina Yumul, die von San Diego an einen anderen Ort umziehen konnte, der in Wirklichkeit teurer war - Maui, Hawaii.

Neben dem Umzug konnte sie auch ihre Schulden in Höhe von 30.000 Dollar begleichen, die durch Studentenkredite und übermäßige Ausgaben entstanden waren. Diese Person war in der Lage, Prioritäten zu setzen, was einer der Vorschläge in diesem Buch war, anstatt den teuren Lebensstil des Feierns zu pflegen, um sich emotionale Befriedigung zu verschaffen. Sie ersetzte dies durch Wanderungen und stundenlange Strandaufenthalte, die ein ähnliches Maß an Entspannung boten. Mit dem zusätzlichen Geld, das sie durch diese Dinge sparen konnte, war sie in der Lage, konsequent minimale Zahlungen für ihre Schulden zu leisten. Abgesehen davon, dass sie Prioritäten setzte, war eine weitere Entscheidung, die ihr half, dass sie ihre Gehaltsschecks als Beiträge zur Tilgung ihrer Kredite beantragte, so dass sie nicht in Versuchung kam, das Gehalt oder den Grundlohn auszugeben, da es sie nie wirklich erreichte. Christina war in der Lage, den kleinen Prozentsatz ihres Gehalts, der übrig blieb, zu verwalten, indem sie das Notwendige ausgab und nicht das, was sie sich wünschte, und sie sorgte dafür, dass sie sich keine Kreditkartenkredite gönnte, da dies nur einen weiteren Prozentsatz der von ihr zu begleichenden Schulden verursachen würde. So konnte sie sich finanzielle Unabhängigkeit verschaffen, indem sie ihre Schulden abzahlte, ihr eigenes Unternehmen gründete und ein gesundes Ausgabeverhalten an den Tag legte.

Außerdem konnte ein Ehepaar eine Hypothek, die für 30 Jahre vorgesehen war, in 6 Jahren abbezahlen. 23 Jahre früher als das ursprünglich erwartete Jahr. Dieses besondere Zeugnis wurde von Paige Hunter verfasst. Dieses Paar erzählte, dass der größte Vorteil der finanziellen Freiheit darin besteht, dass sie sich für Dinge einsetzen können, die sie wirklich interessieren, und dass sie die Welt über das hinaus, was sie kennen, erkunden können. Das Interessanteste an dieser Geschichte ist, dass die Hunters die Benachrichtigungen über ihre Hypothek weiterhin abonniert haben, obwohl sie bereits abbezahlt ist. Daher erhalten sie jeden Monat Mahnungen für die Hypothek, und Paige beschrieb, dass dieses besondere Wissen in ihr glückliche Endorphine hervorruft.

Vielleicht fragen Sie sich jetzt: "Muss ich einen Kredit aufnehmen oder mich verschulden, bevor finanzielle Freiheit möglich ist?", denn die vorangegangenen Beispiele haben mit Schulden begonnen. Die Antwort lautet "nein", denn das nächste Beispiel zeigt Ihnen, dass finanzielle Freiheit für jede Person, unabhängig von Alter und Status, möglich ist. Dies ist der Fall von Jessica Jabbar, einer 27-jährigen Werbefachfrau in New York City, die behauptet, durch die Einhaltung eines strengen Sparplans ein sechsstelliges Vermögen angespart zu haben. Ihr zufolge konnte sie diesen Meilenstein erreichen, indem sie für jeden Bereich ihres Lebens ein strenges und detailliertes Budget aufstellte und für alles, woran sie beteiligt war, Grenzen setzte. Sie glaubt auch, dass es jetzt, wo sie ihre erste Million verdient hat, das Vernünftigste für sie ist, dieses Geld zu investieren. Sie ist der Meinung, dass dieses Geld als Investitionskapital mehr Gewinn für ihren finanziellen Status bringen würde, als wenn es auf einem Bankkonto liegen würde.

Für Sara Woznicki war es nach ihrem College-Abschluss schwierig, eine Stelle als Marketingspezialistin in Richmond zu finden, da die Gehaltsspanne für diese Stelle sehr niedrig war und sie Mühe hatte, die Miete zu zahlen und ihre Wohnung einzurichten. Mit der Unterstützung ihrer Eltern konnte sie sich jedoch einige ihrer Wünsche erfüllen. Nachdem sie eine besser bezahlte Stelle gefunden hatte, unterstützten ihre Eltern sie weiterhin, wenn auch nur in geringem Umfang im Vergleich zu ihrer früheren Tätigkeit. Laut Sara war sie, auch nachdem sie durch die Verringerung der elterlichen Unterstützung einen gewissen Prozentsatz an Verantwortung übernommen hatte, finanziell nicht wirklich frei, bis sie ermutigt wurde, eine eigene Kfz-Versicherung abzuschließen. Die Verantwortung für die Kfz-Versicherung lag allein bei ihr, und sie konnte nicht bezeugen oder feststellen, dass sie bis zu diesem Zeitpunkt finanziell unabhängig war. Mit der neu gewonnenen finanziellen Freiheit und Unabhängigkeit war sie in der Lage, zu sparen und zum ersten Mal über die Grenzen ihres Landes hinaus zu reisen, was einer der Vorteile ist, die ein finanziell freier Status mit sich bringt.

In manchen Fällen hat man jedoch erst dann das Gefühl, die finanzielle Freiheit erreicht zu haben, wenn man einige Kredite abbezahlt hat. In manchen Fällen führt finanzielle Freiheit zu einer Disziplin, die es Ihnen erlaubt, nur das Lebensnotwendige zu erwerben, das keine negativen Auswirkungen auf Ihr Leben hat. Finanzielle Freiheit erfordert daher eine kluge Haushaltsführung, Ausgaben und Sparen. Jill Bong und ihr Mann konnten finanzielle Freiheit erfahren, als sie sich eingestehen mussten, dass sich einige unnötige Dinge negativ auf ihre finanzielle Situation auswirkten. Wie haben sie sich dieser Dinge entledigt? Ein Beispiel für eine große Ausgabe, die in ihrem Leben unnötig war, war ihr Haus mit hohen Darlehensraten. Sie hatten ein Haus in Colorado, das sich nicht positiv auf ihre Finanzen auswirkte, und beschlossen, in eine erschwingliche Gegend umzuziehen, was einen bemerkenswerten Effekt auf ihre Finanzen hatte. Aufgrund dieser grundlegenden Änderung ihres Lebensstils konnten sie sich besser um andere Dinge kümmern, die sie wirklich interessierten, und in Situationen investieren, die ihre Finanzen wachsen ließen. Dadurch mussten sie sich keine Sorgen mehr um ihre Arbeitsplätze machen, da sie einen geringeren Anteil an Ausgaben haben und mehr sparen können.

Für Personen, die an der Bewegung für finanzielle Unabhängigkeit und Frühverrentung interessiert sind, konnte Dj Whiteside über die Auswirkungen von Investitionen in

Aktien, Bargeld und Investmentfonds auf Ihren Frühverrentungsplan aussagen. Dieses Ehepaar hatte Pläne für einen vorzeitigen Ruhestand und hatte dafür gesorgt, dass sie konsequent in ihren Rentensparplan einzahlten. Irgendwann beschlossen sie, den Wert ihrer Ersparnisse für den Ruhestand zu überprüfen und festzustellen, ob diese langfristig für sie ausreichen würden. Sie stellten fest, dass sie über genügend Mittel für ihren Ruhestand verfügten, und selbst wenn sie nicht mehr in ihre Altersvorsorge einzahlen würden, hätten sie dank ihrer Investitionen und ihres Gehalts einen ausreichenden Geldbetrag. Ihrer Meinung nach gibt finanzielle Freiheit im Verhältnis zu finanzieller Freiheit oder Unabhängigkeit Zuversicht für das Leben nach dem Ruhestand.

Ausgehend vom Inhalt und Kontext jeder dieser individuellen Geschichten kann das Konzept der finanziellen Freiheit daher nicht verallgemeinert werden. Finanzielle Freiheit hat für Menschen in unterschiedlichen Situationen verschiedene individuelle Bedeutungen und Interpretationen. Sara Woznicki betrachtete sich erst dann als finanziell frei, als sie in der Lage war, alle finanziellen Bindungen zu ihren Eltern zu lösen. Finanzielle Freiheit wird also durch unterschiedliche Situationen definiert. Für die einen ist es die Möglichkeit, ohne Sorgen Benzin für ihr Auto zu kaufen, für die anderen die Möglichkeit, unbegrenzt Zeit mit ihrer Familie zu verbringen, ohne ein schlechtes Gewissen zu haben, weil sie nicht arbeiten gehen. Für die meisten ist es einfach die Möglichkeit, den Dingen nachzugehen, für die sie eine Leidenschaft haben.

Finanzielle Freiheit bedeutet einfach, dass Sie Ihr Leben selbst in die Hand nehmen, indem Sie Ihre Finanzen in die Hand nehmen.

www.ingramcontent.com/pod-product-compliance
Lightning Source LLC
Chambersburg PA
CBHW071646210326
41597CB00017B/2128